AF611749

SERVICE DES ANTIQUITÉS DE L'ÉGYPTE

CATALOGUE GÉNÉRAL

DES

ANTIQUITÉS ÉGYPTIENNES

DU MUSÉE DU CAIRE

 N°s 53172-53855

BIJOUX ET ORFÈVRERIES

PAR M. ÉMILE VERNIER

QUATRIÈME FASCICULE

LE CAIRE
IMPRIMERIE DE L'INSTITUT FRANÇAIS
D'ARCHÉOLOGIE ORIENTALE

1927

Ce quatrième et dernier fascicule comporte deux titres, l'un pour le tome Ier (*Texte*), l'autre pour le tome II (*Index et planches*).

PUBLICATIONS

DU SERVICE DES ANTIQUITÉS DE L'ÉGYPTE.

Notice sommaire des principaux monuments du Musée du Caire, par les Conservateurs du Musée, in-16. Texte français, 1927 : P. T. 6; — texte anglais, 1927 : P. T. 6; — texte arabe par Antoun eff. Zikri, 1924 : P. T. 5.

Notice sommaire des objets provenant de la tombe de Toutankhamon, par les Conservateurs du Musée, in-16. Texte français, 1927 : P. T. 3,5; — texte anglais, 1927 : P. T. 3,5; — texte arabe, 1926 : P. T. 3,5.

Annales du Service des Antiquités de l'Égypte, tomes I à XXVI. — In-8°, 1900-1926. — Chaque volume : P. T. 122.

Idem. — *Index des tomes I-X,* par H. Munier. — In-8°, 1912 : P. T. 125.

Idem. — *Index des tomes XI-XX,* par H. Munier. — In-8°, 1921 : P. T. 125.

Catalogue des monuments et inscriptions de l'Égypte antique. — Tome I : *De la frontière de Nubie à Kom-Ombos,* par J. de Morgan, U. Bouriant, G. Legrain, G. Jéquier, A. Barsanti, in-4°, 1894. Épuisé. — Tome II : *Kom-Ombos,* 1re partie, in-4°, 1895 : P. T. 250. — Tome III : *Kom-Ombos,* 2e partie : 1re livraison, in-4°, 1902 : P. T. 125; — 2e livraison, in-4°, 1905 : P. T. 97; — 3e livraison, in-4°, 1909 : P. T. 125.

Le Musée égyptien. — Tome I. — In-4° avec 46 planches, 1890-1900. — Épuisé.

Tome II, 1er fascicule, in-4° avec 17 planches, 1904 : P. T. 106; — 2e fascicule, in-4° avec 25 planches, 1906 : P. T. 126; — 3e fascicule, in-4° avec 15 planches, 1907 : P. T. 87.

Tome III, 1er fascicule, in-4° avec 23 planches, 1909 : P. T. 121; — 2e fascicule, in-4° avec 13 planches, 1915 : P. T. 97; — 3e fascicule, in-4° avec 2 planches, 1924 : P. T. 25.

Excavations at Saqqara, par J. E. Quibell. — 1905-1906, in-4° avec planches, 1907 : P. T. 218. — 1906-1907, in-4° avec planches en couleurs, 1908 : P. T. 438. — 1907-1908, in-4° avec planches en couleurs, 1909 : P. T. 438. — 1908-1909 et 1909-1910, in-4° avec planches en couleurs, 1912 : P. T. 375. — 1911-1912, in-4° avec planches en couleurs, 1913 : P. T. 272. — 1912-1914, in-4° avec planches, 1923 : P. T. 200.

Excavations at Saqqara. Teti Pyramid Cemeteries, par Cecil M. Firth et Battiscombe Gunn. — Tomes I (texte) et II (planches), in-4°, 1926 : P. T. 400 les deux volumes.

Excavations at Saqqara. Teti Pyramid, North Side, par J. E. Quibell et A. G. K. Hayter, in-4°, 1927 : P. T. 100.

Le Livre des Perles enfouies et du Mystère précieux, par Ahmed bey Kamal, 2 vol. in-4°, 1907 : les deux, P. T. 194. Vendus séparément : texte arabe, P. T. 100; traduction française, P. T. 107.

Plan des nécropoles thébaines, par É. Baraize. — 1re livraison, feuilles 9, 20, 21, 31 et 32, in-f°, 1904 : P. T. 35. — 2e livraison, feuilles 42, 53 et 61, in-f°, 1907 : P. T. 25. — 3e livraison, feuilles 8, 30, 41, 59 et 60, in-f°, 1908 : P. T. 35. — 4e livraison, feuilles 40, 43, 51 et 54, in-f°, 1913 : P. T. 32.

Notice sur le temple de Louqsor, par G. Daressy. — In-8°, 1893 : P. T. 10.

Notice sur le temple de Médinet-Habou, par G. Daressy. — In-8°, 1897 : P. T. 15.

The Aswân Obelisk, with some remarks on the ancient engineering, par R. Engelbach. — In-4°, 1922 : P. T. 110.

A Supplement to the Topographical Catalogue of the Private Tombs of Thebes *(Nos. 253 to 334) with some notes on the necropolis from 1913 to 1924,* par R. Engelbach. — In-4°, 1924 : P. T. 20.

Un décret trilingue en l'honneur de Ptolémée IV, par H. Gauthier et H. Sottas. — In-4°, 1925 : P. T. 60.

Recueil des Inscriptions grecques-chrétiennes d'Égypte, par G. Lefebvre. — In-4°, 1907 : P. T. 250.

Le Tombeau de Petosiris, par G. Lefebvre, 1re partie : Description, in-4°, 1924 : P. T. 100. — 2e partie : Les Textes, in-4°, 1923 : P. T. 140. — 3e partie : Vocabulaire et Planches, in-4°, 1924 : P. T. 160.

Répertoire généalogique et onomastique du Musée du Caire (XVIIe-XVIIIe dynasties), par G. Legrain. — In-8°, 1908 : P. T. 97.

Rapports sur la marche du Service des Antiquités de 1899 à 1910, par G. Maspero. — In-8°, 1912 : P. T. 50.

Chansons populaires recueillies dans la Haute-Égypte, par G. Maspero. — In-8°, 1914 : P. T. 32.

Fouilles à Dahchour (mars-juin 1894), par J. de Morgan, avec la collaboration de Berthelot, G. Legrain, G. Jéquier, V. Loret et Dr Fouquet. — In-4°, 1895 : P. T. 244.

Fouilles à Dahchour en 1894-1895, par J. de Morgan, avec la collaboration de G. Legrain et G. Jéquier. — In-4°, 1903 : P. T. 250.

Carte de la nécropole memphite, par J. de Morgan. — In-4°, 12 planches coloriées, 1897 : P. T. 97.

A Report on the Antiquities of Lower Nubia in 1906-7, par A. Weigall. — In-4°, 1907 : P. T. 313.

SERVICE DES ANTIQUITÉS DE L'ÉGYPTE

CATALOGUE GÉNÉRAL

DES

ANTIQUITÉS ÉGYPTIENNES

DU MUSÉE DU CAIRE

Nos 52001-53855

BIJOUX ET ORFÈVRERIES

PAR M. ÉMILE VERNIER

TOME PREMIER. — TEXTE

LE CAIRE

IMPRIMERIE DE L'INSTITUT FRANÇAIS

D'ARCHÉOLOGIE ORIENTALE

1927

AVANT-PROPOS.

En 1895, au lendemain des grandes trouvailles de Dahchour, si riches en bijoux, M. J. de Morgan, directeur général, à cette époque, du Service des Antiquités de l'Égypte, suggéra au Gouvernement français d'envoyer un professionnel à l'Institut français d'Archéologie orientale du Caire, dirigé à ce moment par le regretté Bouriant, avec la mission d'étudier les techniques de la bijouterie et de la joaillerie égyptiennes. C'est de cette façon que je fus appelé à commencer cette étude, poursuivie pendant plusieurs années et dont le résultat fut publié en 1907[1], alors que l'Institut français était dirigé par M. Émile Chassinat.

Entre temps le Gouvernement égyptien avait décidé la création des grands Catalogues du Musée des Antiquités du Caire; M. Maspero, qui avait pris pour la seconde fois la direction de ce service, me demanda de faire le Catalogue des *Bijoux et Orfèvreries*.

Malgré les nombreux obstacles qui s'opposaient à la réalisation de ce travail et après une longue hésitation, j'acceptai et m'engageai dans cette entreprise, dont je ne pouvais prévoir l'importance.

Le premier fascicule parut très vite en 1907, le second en 1909, puis les événements mondiaux, venant s'ajouter aux difficultés de toute nature, retardèrent jusqu'en 1925 la publication du troisième fascicule.

Enfin aujourd'hui paraît la fin de ce travail avec les cent treize planches et les index où je me suis efforcé d'apporter de la clarté et de faciliter le travail des chercheurs.

Il me reste un devoir, qui est de remercier tous les égyptologues avec lesquels j'ai été en relations, du concours indispensable que j'ai obtenu d'eux. Tous ont été pour moi d'une complaisance constante et inlassable et d'un empressement si cordial que je considère ce catalogue comme une œuvre collective où j'ai tenu de mon mieux mon rôle d'artiste et d'artisan. Je tiens à exprimer à tous l'expression de mes sentiments de reconnaissance.

Émile Vernier
Ciseleur-médailleur.

Le Caire, juin 1927.

[1] *La bijouterie et la joaillerie égyptiennes*, dans les *Mémoires publiés par les membres de l'Institut français d'Archéologie orientale du Caire*, t. II, 1907. Ouvrage couronné par l'Académie des Inscriptions et Belles-Lettres.

Aux extrémités du collier sont de petits fermoirs qui sont en demi-cercles et qui reçoivent les fils passant par les trois rangs de perles, dans la partie rectiligne, le diamètre. Un trou percé dans la partie cintrée réunit les trois fils et permet de fermer le collier.

XIIe dynastie.

Bibl. : *Journal d'entrée du Musée*, n° 30887; J. de Morgan, *Fouilles à Dahchour*, I, p. 65, n° 10, pl. XXIII.

53172 à 53175. Fermoirs (fragments). — Or (pl. LXXXI).

Quatre fragments de fermoirs; ils sont en forme de demi-cercles, comme ceux du collier n° 53171.

Trois d'entre eux sont munis de tubulures pour la réception des fils et aussi pour la sortie du fil unique.

XIIe dynastie.

Voir la note au n° 52811.

53176-53177. Fragments. — Or (pl. LXXXI).

Une barrette réunissant cinq portions de tubes. Elle a 0 m. 011 mill. de long et 0 m. 001 mill. 1/2 de large.

Un autre fragment or : c'est la moitié d'un fermoir en forme de nœud de tisserand. Il a 0 m. 009 mill. 1/2 de long et 0 m. 006 mill. 1/2 de large.

XIIe dynastie.

Voir la note au n° 52811.

53178. Miroir. — Argent et or. — Haut. 0 m. 105 mill., larg. 0 m. 130 mill., grande largeur de la garde d'or 0 m. 069 mill., petite largeur de la garde d'or 0 m. 024 mill.; poids 332 grammes. — Trouvé à Dahchour, fouilles de Morgan, 1894.

Un miroir argent en mauvais état. Son épaisseur moyenne, difficilement mesurable à cause des incrustations, est d'environ 0 m. 003 mill.; à la réunion du disque avec la garde d'or les incrustations de chlorure d'argent sont volumineuses. Sur un des côtés on remarque qu'un nombre assez grand de très petites perles d'or et de pierres s'est trouvé emprisonné dans ces incrustations.

XIIe dynastie.

Bibl. : Voir la note au n° 52811; J. de Morgan, *Fouilles à Dahchour*, I, p. 68, n° 26, fig. 143; G. Bénédite, *Miroirs*, n° 44083.

53179. Outil (fragments). — Bronze. — Long. o m. 157 mill., largeurs aux extrémités o m. o3o mill. et o m. o13 mill.

Un outil brisé en plusieurs morceaux. Le bronze est en décomposition et s'effrite au moindre contact. Cet outil a l'apparence d'un ciseau; le mauvais état de la partie opposée au tranchant ne permet pas de se rendre compte s'il y avait un manche ou un système quelconque pour le tenir.

XIIe dynastie.

Voir la note au n° 52811.

53180. Outil (fragments). — Bronze. — Longueurs des morceaux o m. 097 mill. et o m. o65 mill., larg. o m. o35 mill.

Un outil brisé : c'est un ciseau. Son état est aussi mauvais que celui du numéro précédent. Il possède une soie qui indique que l'outil était employé avec un manche.

XIIe dynastie.

Voir la note au n° 52811.

53181. Collier. — Or, pierres et céramique. — Long. o m. 380 mill., larg. o m. o58 mill. — Trouvé à Zagazig (Bubastis), 1907 (pl. LXVI).

Un collier composé d'éléments d'or, d'amazonite et de céramique.

Il est fait de douze rangs : le premier, le plus court, les rangs étant concentriques, est fait de petites perles d'or sphériques; ces perles possèdent chacune un anneau. Puis vient un rang de cylindres verticaux en or. Toutes les perles cylindriques faisant partie de ce collier sont en or, de même que le premier et l'avant-dernier rangs.

Nous avons donc : 1er rang : perles sphériques or; 2e rang : perles cylindriques or; 3e rang : perles sphériques en amazonite ou céramique; 4e rang : perles cylindriques or; 5e rang : perles sphériques en amazonite; 6e rang : perles cylindriques or, etc., jusqu'au 11e rang : perles sphériques or, et enfin le 12e rang, le rang final qui se compose de perles cloisonnées en forme de larmes, ornées de pierres disposées en trois parties curvilignes. Les pierres sont en partie absentes ou très altérées, et l'on ne reconnaît que le lapis.

XIXe dynastie.

Bibl. : *Journal d'entrée du Musée*, n° 39874.

53182. Bracelet (fermoir). — Or. — Long. o m. o83 mill. 1/2; largeur du côté possédant la glissière o m. o22 mill., largeur du côté opposé o m. 017 mill., épaiss. o m. 008 mill.; poids 45 gr. 40. — Trouvé à Zagazig (Bubastis), 1907.

Un fermoir à glissière, en deux parties; la confection en est rudimentaire. Deux feuilles d'or sont repliées de façon à faire deux boîtes plates ayant o m. 017 mill. de largeur pour o m. 008 mill. d'épaisseur. Sur la partie étroite, l'une des boîtes est munie d'une glissière faite d'une tige d'or ayant une section en T; l'autre partie a son ouverture étranglée par deux fils qui servent de guide à la glissière.

Le côté opposé est percé d'un nombre considérable de trous nous donnant le nombre de rangs qui constituaient le bracelet. Les distances entre ces trous nous indiquent également que les éléments constituant les rangs n'étaient pas volumineux. Le nombre des trous est de trente-six.

XIXe dynastie.

Bibl. : *Journal d'entrée du Musée*, n° 39876.

53183. Faucon. — Cuivre doré. — Écartement maximum entre les pointes des ailes o m. 303 mill., hauteur de l'animal pris dans la ligne médiane verticale o m. 190 mill., écartement maximum des signes de vie tenus dans les serres o m. 170 mill., épaisseur de la plaque de cuivre 4/10 de millimètre environ; poids 205 grammes. — Trouvé à Deir-el-Bahari, sur la momie de Pinotem, juillet 1886 (pl. LXXXII).

Un grand faucon de cuivre d'une épaisseur moyenne de 4/10 de millimètre. Il est décoré de traits faits au ciselet, c'est-à-dire en enfonçant les traits sans rien couper : l'épaisseur de la plaque ne l'aurait pas permis. D'autre part, ce travail entraînant le métal, lui fait prendre des formes arrondies partout où le travail du ciseleur a passé.

L'animal est représenté le corps de face, la tête profil à droite. Les deux pattes, écartées horizontalement, tiennent chacune le signe de vie. Tout le travail est sommaire.

Le travail du ciseleur dont nous parlons plus haut a pour résultat que l'objet, vu au revers, présente une cavité; dans cette cavité l'artisan a coulé un enduit qui donne l'impression du plâtre. De cette façon le revers semble plat. La face a été enduite d'une couche mince de la même matière, et l'ensemble de l'œuvre a été recouvert de feuilles d'or battues très minces et collées. Ces feuilles n'atteignent pas 1/10 de millimètre d'épaisseur.

XXIe dynastie.

Bibl. : *Journal d'entrée du Musée*, n° 26281.

53184. Collier. — Or et cornaline. — Largeur maximum o m. 36 cent., haut. o m. 33 cent.[1]; poids 234 grammes. — Trouvé à Zagazig (Bubastis), 1907 (pl. LXXXIII).

Un collier composé de dix-neuf rangs de perles. Les deux premiers rangs et les deux derniers sont isolés, les quinze autres sont réunis par groupes de trois, à l'aide de barrettes en grènetis placées à des intervalles variés.

Le premier rang du haut est fait de motifs différents, les uns semblables à des lentilles, les autres étant des anneaux verticaux qui ont un ou trois rangs de grènetis. Le reste du rang est composé de petites perles méplates — le tout en or.

Au second rang on voit de petites pièces en forme de balustres ou de bouteilles, des perles de cornaline ayant la forme de lentilles, indiquées plus haut, enfin par de petites perles d'or semblables à celles que nous avons vues (on retrouve ces perles dans tout le collier). Dans ce rang les motifs en bouteilles sont tous en or.

Les 18e et 19e rangs sont composés de même façon, sauf que le 18e ne possède que des éléments d'or, alors que dans le 19e les perles en lentilles sont en cornaline, ainsi que quatorze de ses bouteilles, contre quarante-deux en or.

Les cinq groupes intermédiaires sont constitués de la façon suivante : un rang de petites perles plates, un autre rang des mêmes perles, séparées par intervalles par des perles en lentilles, enfin le troisième rang possède les ornements que nous désignons sous le nom de balustres ou bouteilles.

Toutefois la composition n'est pas rigoureusement semblable. Ainsi le deuxième rang du 3e groupe est enrichi d'un certain nombre d'anneaux faits en grènetis. On voit aussi des balustres en cornaline dans les 4e et 5e groupes; dans le 4e, vingt-sept contre trente en or; dans le 5e, quarante-quatre contre douze seulement en or.

L'ensemble est relié par une chaîne qui, en même temps qu'elle reçoit les extrémités des rangs décrits plus haut, permet de passer le collier sur le cou du porteur. Cette chaîne est double; elle est composée des éléments que nous avons vus, les petites perles méplates en or. Elle s'arrête seulement aux deux extrémités du dernier rang.

Ainsi que nous le montre la planche, ce bijou est extrêmement délicat. L'effet de l'or et de la cornaline, qui sont les éléments exclusifs, est à la fois riche, élégant, tout en étant sobre et distingué.

XIXe dynastie.

Bibl. : *Journal d'entrée du Musée*, n° 39875.

53185. Scarabée (collier?). — Or et bleu égyptien aggloméré. — Grand axe du scarabée o m. 080 mill., petit axe o m. 062 mill., épaiss. o m.

[1] Les dimensions sont approximatives et correspondent au collier disposé comme le montre la planche LXXXIII. Mais les éléments sont d'une extrême mobilité.

021 mill., diamètre extérieur du cercle d'or 0 m. 125 mill., grosseur du tube 0 m. 004 mill.; poids total 93 grammes (pl. LXXXIV).

Un scarabée en bleu égyptien (fritte d'Alexandrie agglomérée). Le travail est grossier. Sur le dos on voit une cavité importante ayant 0 m. 050 mill. de haut, 0 m. 035 mill. de large et une profondeur qui va jusqu'à 0 m. 010 mill. Rien n'indique ce qui occupait cette cavité; toutefois le contour permet de supposer que c'était une pièce figurant les élytres.

Sur le plat on lit, sur dix lignes, le chapitre du cœur du *Livre des Morts* (chap. XXX, B). Le nom du propriétaire est Nébi.

Le cercle qui traverse ce scarabée est un tube d'or en très mauvais état; il est de section elliptique, terminé à une extrémité par un renflement conique. Le côté opposé est déchiré. Le côté du renflement possède un anneau d'où un fil d'or part pour rejoindre, vraisemblablement, de l'autre côté de la tête, un autre anneau qui aujourd'hui a été arraché. C'est donc sur une portion de tube déchirée et bossuée que le fil vient se lier.

Cet état du métal rend difficile l'hypothèse sur l'usage de l'objet. Est-ce un collier? Il faut admettre qu'une partie très importante manque. Est-ce un bracelet? C'est peu probable, car le scarabée devait occuper la place du cœur.

Époque ptolémaïque.

Bibl. : *Journal d'entrée du Musée*, n° 49140.

53186. Scarabée. — Pierre et or. — Grand axe 0 m. 071 mill., petit axe 0 m. 052 mill., épaiss. 0 m. 030 mill.; poids 208 grammes (pl. LXXXIV).

Un scarabée de serpentine, travaillé de façon assez délicate. La tête est humaine, les détails sont indiqués finement.

Sur le plat est gravé le chapitre du cœur du *Livre des Morts* (chap. XXX, B).

La pierre est sertie dans une bâte d'or mince; sous la tête du scarabée cette bâte possède une petite portion de tube fermé et muni d'un anneau d'où part une chaîne de 0 m. 016 mill. de long, composée de huit maillons. Ces maillons sont faits d'un fil d'or de 5/10 de millimètre de diamètre : ce sont de longs anneaux aplatis.

A l'extrémité de la chaîne est suspendue une portion de cylindre qui a 0 m. 013 mill. de long et 0 m. 009 mill. de diamètre. Ce tube est fermé des deux bouts. Du côté de la chaîne il porte un anneau auquel celle-ci vient s'attacher; l'autre côté est uni. L'or employé pour ce travail ainsi que pour la bâte encerclant le scarabée est fort mince.

La partie métallique de ce bijou pourrait ne pas être contemporaine du scarabée.

Époque ptolémaïque.

Bibl. : *Journal d'entrée du Musée*, n° 49141.

53187. Collier. — Or. — Long. o m. 36 cent., hauteur du pendentif (anneau compris) o m. o3o mill., largeur du pendentif o m. o32 mill.; poids total 18 grammes. — Trouvé à Dendérah, saisi sur Ahmed Ibrahim Younès, 1914 (pl. LXXXV).

Un collier composé d'un fil d'or mince (6/10 de millimètre) porte un petit naos d'or mince, réuni au fil par un large anneau fait à l'aide de la même feuille d'or repliée. Dans le naos on voit la triade thébaine.

Sur le même fil sont : huit perles d'or, dont deux unies ont o m. oo8 mill. de diamètre; une autre de même dimension est ornée de neuf petits cercles de fil d'or; trois autres de o m. o1o mill. de diamètre sont, elles aussi, décorées de petits cercles unis; enfin deux plus grosses perles de o m. o11 mill. 1/2 de diamètre sont décorées de cercles de fils tordus en forme de cordes et de sept petits cercles posés sur la ligne médiane, et dont les fils sont également tordus.

L'ensemble du travail est médiocre.

Époque ptolémaïque.

Bibl. : *Journal d'entrée du Musée*, n° 45208.

53188. Collier. — Or. — Diam. o m. 125 mill.; poids 169 grammes. — Trouvé à Dendérah, saisi sur Ahmed Ibrahim Younès, 1914 (pl. LXXXV).

Un collier composé d'un fil d'or portant dix objets.

Ce bijou est d'un poids tout à fait anormal et n'a pas, à cet égard, son équivalent dans la salle des bijoux. Tous les éléments sont massifs.

Le fil constituant le collier a o m. oo2 mill. 1/2 d'épaisseur maximum et o m. oo2 mill. à la partie mince. Le collier se ferme par deux crochets, qui sont les extrémités repliées du fil.

A ce fil sont suspendus dix motifs, qui portent des anneaux de suspension. Un fil d'or solide est passé dans ces anneaux en s'enroulant sur le corps du bijou et vient ensuite se fixer, en deux spirales serrées, de chaque côté du groupe des motifs, laissant entre elles une distance de o m. o9 cent., qui représente l'espace où sont logées les figures symboliques.

Ce sont, en commençant par la gauche :

1° Une Thouéris qui a o m. o27 mill. de haut.

2° Isis assise. Haut. o m. o26 mill.

3° Faucon coiffé du *pschent* de o m. o25 mill. de haut.

4° Un autre faucon dont les ailes et la queue ont été ornées au cloisonné. Cette fraction du décor est en partie détruite. Haut. o m. o3o mill.

5° Oiseau à tête humaine coiffée du disque solaire entre deux cornes. Haut. o m. o29 mill.

6° Un autre oiseau de même nature et de même hauteur.

7° Faucon coiffé du *pschent*. Haut. 0 m. 036 mill.

8° Autre faucon portant la couronne de la Haute-Égypte. L'anneau de suspension est brisé. Un petit lien d'or entoure le faucon à la hauteur des pattes(?). Haut. 0 m. 024 mill.

9° Un *oudja*. Il a deux anneaux de suspension striés verticalement. La prunelle d'un côté est en matière fusible incrustée. Haut. 0 m. 013 mill., long. 0 m. 012 mill.

10° Nefert debout. Haut. 0 m. 038 mill.

Tous ces objets, moins l'*oudja*, reposent sur des socles plats.

L'exécution de ces diverses figurines est très soignée.

Époque ptolémaïque.

BIBL. : *Journal d'entrée du Musée*, n° 45206.

53189. Collier. — Or. — Longueur du fil 0 m. 46 cent.; poids total 8 gr. 50. — Trouvé à Dendérah, 1914 (pl. LXXXV).

Un collier composé d'un fil fin, lequel supporte une plaque d'or et une perle de même métal.

La plaque est rectangulaire; elle a 0 m. 047 mill. de large et 0 m. 041 mill. de haut. Elle est reliée au fil par un anneau pris dans la plaque sous forme d'une languette qui a été roulée en cylindre et dont l'extrémité a été réunie à la plaque, probablement par un simple martelage.

Sur la plaque on voit une scène exécutée au repoussé et qui représente Hathor; son fils lui présente le sistre.

La scène est surmontée d'un bandeau où l'on voit douze étoiles (ciel nocturne). Avec cette plaque est une perle d'or sphérique, qui a 0 m. 012 mill. de diamètre et est décorée de huit petits cercles faits de fils d'or.

Un autre fil, lié au collier, indique que d'autres sujets devaient être joints au premier.

Le collier est fermé simplement par deux crochets obtenus en tordant les extrémités du fil.

Époque ptolémaïque.

BIBL. : *Journal d'entrée du Musée*, n° 45209.

53190. Broche. — Or. — Long. 0 m. 071 mill., larg. 0 m. 014 mill.; poids 4 gr. 1/2. — Trouvée à Dendérah, 1914 (pl. LXXXVI).

Un bijou en forme de broche.

Il se compose d'une plaque d'or mince (3/10 de millimètre d'épaisseur) sur laquelle on a exécuté au tracé et au repoussé le disque ailé avec les deux uræus.

Au revers sont soudés, horizontalement, deux anneaux plats. Deux fils d'or sont liés à ces anneaux; leurs extrémités libres se terminent par un crochet. Ils ont chacun o m. o40 mill. de longueur environ.

Époque ptolémaïque.

Bibl. : *Journal d'entrée du Musée*, n° 45211.

53191. Cœur. — Cornaline. — Haut. o m. o33 mill., largeur totale o m. o27 mill., épaiss. o m. o15 mill.; poids 11 gr. 60. — Trouvé à Dendérah, 1914 (pl. LXXXVI).

Un cœur. Il est surmonté d'un dispositif en corniche striée en travers et percé d'un trou horizontal. Ce dispositif est brisé d'un côté.

Époque ptolémaïque.

Bibl. : *Journal d'entrée du Musée*, n° 45270.

53192. Statuette assise. — Céramique. — Haut. o m. o43 mill. 1/2, longueur du socle o m. o33 mill., largeur du socle o m. o12 mill.; poids 7 gr. 60. — Trouvée à Dendérah, 1914 (pl. LXXXVI).

Une statuette d'Isis assise.

Époque ptolémaïque.

Bibl. : *Journal d'entrée du Musée*, n° 45271.

53193. Collier avec ornements et pendentif. — Or. — Diam. o m. 14 cent., nombre des objets : quatorze, dont le pendentif; poids total 88 grammes. — Trouvé à Dendérah, 1914 (pl. LXXXVI).

Collier composé d'un fil d'or solide de o m. oo2 mill. 2/10 et fermé pas des crochets aux extrémités. Il retient enfilés quatorze objets. L'objet central, une grande plaque d'or, a o m. o81 mill. de haut sur o m. o42 mill. de large. Les angles supérieurs sont arrondis et la plaque est retenue au fil par un anneau formé au sommet de la plaque par une bande roulée prise dans celle-ci. L'épaisseur de cette plaque d'or n'est que de 4/10 de millimètre. Le bas de la plaque est replié pour lui donner un peu plus de rigidité. Le travail, très grossier, est fait en utilisant l'extrême plasticité de l'or mince, pour obtenir facilement des reliefs par les moyens les plus simples. Le travail est exécuté au tracé, la plaque étant collée sur un ciment mou. Sur la plaque on voit le jeune Horus, tenant dans sa main gauche le signe de la vie et coiffé de la couronne de la Haute et de la Basse-Égypte; il a le bras droit étendu horizontalement.

De chaque côté de cette plaque est enfilée une série d'objets, six d'un côté, sept de l'autre; ce sont : 1° deux *oudjas;* 2° cinq dieux Bès; 3° cinq perles sphériques décorées de petits cercles en fils tordus.

Les *oudjas* forment boîtes. Les plaques dessus et dessous sont reliées par une bâte; leur longueur est de 0 m. 026 mill., leur largeur de 0 m. 017 mill. et l'épaisseur de 0 m. 006 mill.

Le décor est fait à l'aide de fils d'or unis et d'autres tressés.

Les dieux Bès sont exécutés avec une grossièreté inimaginable. Ils sont en deux parties, dont l'une rejoint l'autre en l'enveloppant. Un seul fait exception et la moitié face est simplement posée, comme dans une boîte sur un fond plat muni de bords. Leur hauteur est de 0 m. 027 mill., leur épaisseur maximum de 0 m. 011 mill.

Les perles sont au nombre de six. Quatre d'entre elles ont 0 m. 015 mill. de diamètre et deux ont 0 m. 011 mill. Elles sont décorées chacune de huit petits cercles, en fils tordus.

L'ensemble du travail est extrêmement médiocre.

Époque ptolémaïque.

Bibl. : *Journal d'entrée du Musée*, n° 45207.

53194. Collier (fragment). — Argent et pierres. — Hauteur maximum 0 m. 086 mill., larg. 0 m. 059 mill., épaisseur maximum 0 m. 007 mill.; poids 72 gr. 5. — Trouvé à Mansourah (pl. LXXXVIII).

Un beau fragment de collier d'argent. Il montre cinq rangs de cloisons robustes dans lesquelles sont incrustés des ornements de pierres de couleur.

Le rang extérieur est fait de sept perles en forme de larmes; il reste deux de ces perles en amazonite. L'entre-deux des perles est fait de lapis; il en reste quatre.

Le rang suivant est décoré de fleurs de papyrus. Ici les pétales, qui sont décorés d'amazonite, de lapis et de cornaline, sont sertis par de petites cloisons d'or. Rien ne nous indique quelle était la matière du fond. Il ne reste qu'une fleur et un petit fragment d'une autre.

Le troisième rang est orné de fleurs à douze pétales d'amazonite cloisonnés d'or. Trois de ces fleurs sont en place avec le plus grand nombre de leurs pétales garnis. Un seul entre-deux en lapis subsiste encore.

Le quatrième rang possède encore deux fleurs de lotus ayant des petits fragments des pierres qui les décoraient, amazonite et lapis, plus un débris du haut d'une fleur.

Le cinquième rang est vide.

La matière d'argent est extrêmement décomposée; on peut voir, néanmoins, que la construction de l'objet, plateau, vase(?), comportait une double enveloppe.

Époque ptolémaïque.

Bibl. : *Journal d'entrée du Musée*, n° 49142.

53195. Collier (fragment). — Argent et pierres. — Haut. 0 m. 026 mill., larg. 0 m. 047 mill., épaiss. 0 m. 007 mill.; poids 14 grammes. — Trouvé à Mansourah (pl. LXXXVIII).

Un fragment de la même nature que le précédent, mais plus petit. Une bande extérieure montre des cloisons garnies de rectangles de lapis séparées par de petites cloisons verticales où il y a trace d'amazonite. Au-dessous, une fleur de lotus, garnie d'amazonite, et deux boutons dont la matière est indéfinissable sont suspendus à des fils ondulés.

Époque ptolémaïque.

Bibl. : *Journal d'entrée du Musée*, n° 49142.

53196. Collier (fragment). — Argent et pierres. — Haut. 0 m. 060 mill., largeur maximum 0 m. 039 mill.; poids 20 grammes. — Trouvé à Mansourah (pl. LXXXVIII).

Fragment de même nature que le précédent. Il présente quatre zones : une seule retient une fleur à douze pétales, dont cinq seulement ont conservé de l'amazonite.

Époque ptolémaïque.

Bibl. : *Journal d'entrée du Musée*, n° 49142.

53197. Collier (fragment). — Argent et pierres. — Haut. 0 m. 046 mill., larg. 0 m. 078 mill.; poids 41 grammes. — Trouvé à Mansourah (pl. LXXXVIII).

Fragment de même nature que les précédents. Il n'a que deux zones : l'une est vide; l'autre, qui est en bordure, conserve dix perles en forme de larmes, dont sept sont encore garnies d'amazonite, une est vide, les deux dernières sont incomplètes et en partie arrachées. Un entre-deux possède encore sa pierre de lapis.

Époque ptolémaïque.

Bibl. : *Journal d'entrée du Musée*, n° 49142.

53198. Pectoral. — Bois doré et incrusté de pierres et céramique. — Largeur à la corniche 0 m. 089 mill., largeur au bas 0 m. 074 mill., haut. 0 m. 070 mill.; poids 28 grammes. — Trouvé à Gournah, tombe de Hataï, mars 1896 (pl. LXXXIX).

Un pectoral en forme de naos. Il est d'un bois difficile à déterminer. La face présente une scène d'offrande : une femme assise, profil à droite, tient des fleurs; elle respire celle que sa main droite porte à son visage; elle porte le cône sur la tête.

Devant ce personnage est une figure de jeune homme, profil à gauche. Devant lui, une table chargée d'offrandes, dont il présente une partie.

La scène est encadrée de rectangles séparés par des groupes de six traits.

La corniche est décorée de traits verticaux.

L'ensemble du décor est constitué par des pierres ou des céramiques calibrées et fixées dans le bois par un agglutinatif. La tête de la femme ainsi que ses bras et ses pieds sont en cornaline; sa chevelure est en lapis difficile à identifier; son col est en substance verte; la robe est en substance blanchâtre : on ne peut pas affirmer que ce soit la couleur originale.

Le personnage présentant les offrandes a le torse, les bras, une jambe et les deux pieds, de cornaline. La tête et le pagne sont de la substance blanchâtre vue sur la robe de la femme. Ici il y a une certitude qu'une partie au moins du revêtement a disparu, puisqu'il y a une jambe qui manque. Il est infiniment probable que le masque manque également et qu'il ne se bornait pas à la surface blanche que nous voyons. Le cadre est orné d'une série de rectangles où le lapis et la cornaline se succèdent; entre ces rectangles, de minces petites cloisons, groupées par sept, sont garnies de lapis, de cornaline et d'amazonite. La corniche est également décorée par des cloisons étroites verticales, mais chaque cloison contient trois pierres : lapis, amazonite, cornaline.

Enfin, les fonds, les bords et les épaisseurs sont dorés à l'aide de feuilles d'or très minces et collées.

Au revers le bois est nu. A l'angle supérieur on voit deux groupes de trois trous percés de biais où les fils de suspension venaient se fixer.

A la partie inférieure du revers est un groupe formé par deux Anubis couchés sur des supports et se regardant. Ils ont entre eux un signe qui semble être le signe de l'Orient, mais modifié. Le groupe était profondément creusé dans le bois; il reste de l'enduit, qui prouve que ces alvéoles étaient garnis. Il ne reste que de petites traces d'or.

Nouvel Empire.

BIBL. : *Catalogue général des Antiquités égyptiennes du Musée du Caire*, REISNER, *Amulets*, n° 12200.

53199. Pectoral. — Bois, pierres et émail. — Haut. 0 m. 116 mill., largeur à la corniche 0 m. 144 mill., largeur à la partie inférieure 0 m. 127 mill., épaisseur à la corniche 0 m. 016 mill., épaisseur à la partie inférieure 0 m. 007 mill.; poids 202 grammes. — Trouvé à Gournah, tombe de Hataï, mars 1896 (pl. LXXXIX).

Un grand pectoral en forme de naos. Il est en bois cloisonné et incrusté d'une mosaïque de pierres de couleurs variées.

Au milieu du rectangle on voit un beau scarabée d'une pierre dure et verdâtre. Il est incrusté dans le pectoral de façon que la partie plate apparaisse au revers.

Sur la face, de chaque côté du scarabée, une figure est genoux en terre, les bras levés en un geste d'hommage. Au-dessus de chacune de ces figures est un *oudja.*

Les figures sont en émail, les corps sont bleus, les pagnes sont blancs, la chevelure est d'un cristal qui paraît légèrement rosé.

Les *oudjas* qui surmontent ces figures sont en lapis, les prunelles sont en lapis plus foncé et la cornée est en émail blanc.

La composition est encadrée de rectangles dont la matière altérée fait supposer de la cornaline claire alternant avec du lapis; ces rectangles sont séparés par de petites bandes de pierres assemblées par trois : cornaline, lapis et amazonite.

Au-dessus, une frise de campanules, composées régulièrement d'amazonite en haut, puis de cornaline et enfin de lapis dans la partie plus large, sépare la composition du bas, de la corniche; celle-ci est décorée d'une série de petites bandes verticales où l'on voit, régulièrement réunies, quatre pierres : une de cornaline en haut, puis lapis, amazonite et enfin lapis à nouveau.

Tout l'ensemble du reste des fonds des bords et des épaisseurs est couvert d'or en feuilles, collé sur un enduit.

Au revers nous voyons le plat du scarabée; une partie en est encore cachée par l'enduit et les tissus qui le maintiennent en place. Cependant il est possible d'avoir la certitude que c'est le chapitre du cœur du *Livre des Morts.*

A droite du scarabée est un 𓊽 *dad* de grande dimension; il est incrusté et construit en émail imitant la cornaline, le lapis et l'amazonite. Il a o m. o58 mill. de hauteur et o m. o28 mill. dans sa plus grande largeur.

A gauche, c'est la boucle d'Isis 𓎬 qui fait pendant au *dad.* Ce signe est également en pâte d'émail imitant le lapis et la cornaline. Ses dimensions sont semblables à celles du *dad.*

A la partie supérieure, deux groupes de chacun trois trous percés de biais dans la corniche, étaient les points de départ des fils de suspension.

Nouvel Empire.

BIBL. : *Journal d'entrée du Musée,* n° 31395; REISNER, *Amulets,* n° 12199 et pl. XII.

53200. Pectoral. — Bois doré, pierre et émail. — Haut. o m. o7o mill., largeur à la corniche o m. o85 mill., largeur à la partie inférieure o m. o7o mill., épaisseur à la corniche o m. o13 mill., épaisseur à la partie inférieure o m. oo7 mill. 1/2; poids 36 gr. 3o. — Trouvé à Gournah, tombeau de Hataï, mars 1896 (pl. XC).

Un pectoral en forme de naos dont la face nous montre un Anubis couché sur un sarcophage. La scène est encadrée de rectangles de lapis, séparés par des traits de pierre ou de verre groupés par trois.

L'Anubis est en émail noir. Il est en plusieurs morceaux : la tête est séparée du corps par un collier de verre bleu, puis vient le corps, qui forme un morceau important, les pattes, devant et derrière, enfin la queue qui est striée.

Le sarcophage sur lequel il est couché offre cette particularité qu'il est peint au fond de deux cavités, une pour le sarcophage proprement dit et l'autre pour le couvercle, et ces deux cavités sont occupées par deux morceaux de verre, coulés spécialement pour ces dimensions, ainsi que l'indiquent les formes émoussées en gouttes de suif de ces deux morceaux de verre.

Le manche du flabellum est fait d'un petit pavage de pierre ou d'émail où alternent la cornaline, le lapis et l'amazonite. Quant au flabellum lui-même, il est représenté, comme le sarcophage, par une peinture, au fond d'une cavité, protégée par un morceau de verre calibré.

Sur la frise on voit des traits verticaux de pierre ou d'émail, lapis, cornaline, turquoise (émail) et amazonite. La cornaline, ou son imitation, est en très mauvais état, alors que l'objet, dans son ensemble, est fort bien conservé.

Les fonds et les épaisseurs sont dorés à plein à la feuille.

A l'arrière on voit, encadrée dans un dispositif semblable à celui de la face, mais exprimé simplement par des traits, la scène suivante : une momie dressée à gauche, le cône sur la tête; devant elle, un guéridon chargé d'offrandes dont un prêtre fait la consécration par l'encensement et la libation rituelle.

Dans la partie supérieure on voit quatre trous percés de biais, destinés aux fils de suspension.

L'ensemble du revers est doré à plein par des feuilles d'or collées sur enduit.

Nouvel Empire.

BIBL. : *Journal d'entrée du Musée*, n° 31380; REISNER, *Amulets*, n° 12197.

53201. Pectoral. — Bois doré, ambre et pierres. — Haut. 0 m. 110 mill., largeur à la corniche 0 m. 140 mill., largeur à la partie inférieure 0 m. 122 mill., épaisseur à la corniche 0 m. 015 mill., épaisseur à la partie inférieure 0 m. 006 mill. 1/2; poids 119 gr. 50. — Trouvé à Gournah, tombeau de Hataï, mars 1896 (pl. XC).

Un grand et beau pectoral en forme de naos. La décoration offre les mêmes dispositions que dans les pectoraux précédents, c'est-à-dire que l'on voit les symboles encadrés de rectangles de pierre, surmontés d'une frise et le tout couronné par une corniche.

Ici le décor du pectoral est particulièrement somptueux. Au milieu on voit un grand scarabée d'ambre. Il a 0 m. 054 mill. de grand axe et 0 m. 037 mill. de petit axe. Sa couleur est magnifique, marron profond. Le travail est d'une belle exécution.

A sa droite (gauche de l'examinateur) est un *dad* construit en pâte de verre bleue et couleur cornaline claire. Il a 0 m. 055 mill. 1/2 de hauteur et 0 m. 028 mill. de largeur maximum.

A sa gauche, une boucle d'Isis en cornaline qui a 0 m. 056 mill. de hauteur et 0 m. 014 mill. de largeur maximum.

Les rectangles qui forment le cadre, avec les petites bandes étroites groupées par trois qui les séparent, sont en lapis vrai, mais la cornaline et l'amazonite sont en pâte de verre. Il en est de même des campanules qui forment la frise sous la corniche. Quant à celle-ci, les traits polychromes verticaux dont elle est décorée sont composés chacun de quatre pierres disposées de même manière, c'est-à-dire, en haut cornaline, puis lapis, amazonite (fausse) et enfin lapis.

Le restant du pectoral, fonds, épaisseurs, saillies de la corniche, tout est doré à plein en or à la feuille.

Au revers nous voyons le plat du scarabée qui porte, sur sept lignes, l'inscription suivante :

De chaque côté du scarabée, deux femmes agenouillées sur le signe de l'or font un geste d'offrande.

Nouvel Empire.

Bibl. : *Journal d'entrée du Musée*, n° 31379; Reisner, *Amulets*, n° 12196.

53202. Breloque. — Or. — Haut. 0 m. 042 mill.; poids 4 gr. 40. — Achat, 1892 (pl. XCI).

Une figure de Bast, debout, coiffée du disque entre deux cornes de vache. Elle est posée sur une petite plaque d'or formant plinthe qui est indépendante de la figure. L'anneau de suspension qui est au revers, au-dessus de la tête derrière le disque, est vertical : c'est une simple petite bande d'or roulée.

L'objet est d'un travail des plus sommaires. L'or est employé en feuille mince et découpée.

Bibl. : *Journal d'entrée du Musée*, n° 30016.

53203. Breloque. — Or. — Haut. 0 m. 034 mill.; poids 13 gr. 40. — Trouvée au Fayoum, 1887 (pl. XCI).

Une petite statuette de Ptah. Elle est en or massif, ciselé avec soin. L'anneau de suspension, qui est vertical et strié, est d'une solidité parfaite.

Cet objet a été fondu, puis ciselé.

Bibl. : *Journal d'entrée du Musée*, n° 28129; Daressy, *Statues de Divinités*, n° 38463.

53204. Plaque. — Or avec cloisonné. — Haut. 0 m. 015 mill., larg. 0 m. 019 mill.; poids 1 gr. 25 (pl. XCI).

Une petite plaquette d'or sur laquelle est construite au cloisonné l'image du taureau Mnévis. Ce travail, très délicat, a sans doute été inachevé, car il ne semble y avoir eu aucune substance dans ce cloisonnage. D'autre part, le métal est dans un état parfait, ce qui ne se pourrait guère s'il y avait eu destruction des éléments cloisonnés.

53205. Breloque. — Or et amazonite. — Haut. 0 m. 017 mill. 1/2, grosseur maximum 0 m. 010 mill. 1/2; poids 2 gr. 60. — Achat, 1859, collection Huber (pl. XCI).

Une petite poire d'amazonite entourée d'une résille en fil d'or dont les croisements sont masqués par de petites perles.

Le réseau part d'un collet en cône lequel porte l'anneau de suspension, qui est fixe et strié.

La poire est fixée dans le réseau par un petit cercle sur lequel viennent se lier les extrémités de chaque élément, resserrant ainsi tout le système et enfermant la poire.

La fortune de ce petit objet a été singulière et mérite d'être signalée. Il fut acheté en 1859 pendant la direction de Mariette et ne semble pas tout d'abord avoir attiré l'attention; on lit même au *Journal d'entrée :* «travail arabe». Puis Mariette, en l'examinant, crut voir un travail admirable, pensa que chaque maille avait été soudée aux autres, une par une et sur la pierre. Cette erreur, qui s'accrédita, rendit l'objet extrêmement curieux; aussi ce bijou fut-il de toutes les manifestations, exposé notamment en 1867 à l'Exposition universelle de Paris, et depuis signalé avec soin dans tous les *Catalogues.* Il a une des bibliographies les plus nombreuses. Cependant l'erreur fut signalée dès 1907 dans le tome II des *Mémoires publiés par les membres de l'Institut français d'Archéologie orientale du Caire,* p. 99. Cela n'empêcha pas la légende de persister, et le *Guide du Visiteur* de 1915 la répète encore. Cela est d'autant plus regrettable que ce n'est pas seulement une erreur, mais bien une énormité, de dire qu'une pierre quelconque puisse supporter la température nécessaire pour fondre la soudure d'or et cela une soixantaine de fois!

Bibl. : *Journal d'entrée du Musée,* n° 5393; *Catalogue Mariette,* 1864, p. 229, n° 39; et dans les *Catalogues* jusqu'à celui de Maspero, 1915; É. Vernier, *La bijouterie et la joaillerie égyptiennes,* p. 99-100, fig. 117 à 119.

53206. Breloque. — Or. — Haut. 0 m. 036 mill., larg. 0 m. 014 mill. 1/2; poids 2 gr. 50 (pl. XCI).

Une petite plaquette d'or représentant la déesse Sekhet profil à droite, tenant de la main gauche un bâton. Elle a le disque sur la tête et le signe de vie dans la main droite. Les détails de la coiffure et de la robe sont faits au tracé.

Au revers, un anneau vertical fait d'une petite bande d'or, prend place dans le disque.

Le métal est très mince : 4/10 de millimètre.

53207. Breloque. — Or. — Haut. 0 m. 036 mill. 1/2, larg. 0 m. 008 mill., longueur de la plinthe 0 m. 012 mill.; poids 12 gr. 60. — Trouvée au Fayoum, 1889 (pl. XCI).

Le dieu Sebek (il est en or massif), le disque avec l'uræus sur sa tête. Les détails de la coiffure et du pagne, ainsi du reste que l'ensemble, tout est soigneusement exécuté.

L'anneau de suspension que l'on voit derrière, lequel est vertical, est strié.

Cette figure est obtenue par la fonderie et ciselée ensuite.

Bibl. : *Journal d'entrée du Musée,* n° 28130; Daressy, *Statues de Divinités,* n° 38687.

53208. Breloque. — Or et pierres. — Haut. 0 m. 025 mill., larg. 0 m. 019 mill.; poids 4 grammes. — Achetée à Louxor en 1888 (pl. XCI).

Une breloque or pâle, lotus bleu. Elle est construite en cloisonné.

Au milieu, une fleur de lotus légèrement épanouie, les pointes en bas. De chaque côté, un bouton dans la même position; ils sont reliés à la fleur par des queues figurées par de petites bandes d'or en arcs de cercles.

Au-dessus, horizontalement, un tube de 0 m. 007 mill. de long est le moyen de suspension.

Les calices de la fleur et des boutons sont en or.

La fleur a neuf pétales visibles : les trois grands sont en lapis, puis entre eux viennent deux pétales d'or et enfin, dans les derniers intervalles, quatre petits pétales en émail turquoise.

Les boutons sont en lapis, sauf un petit trait, mis là évidemment pour séparer le lapis de la fleur de celui des boutons, en simulant une légère ouverture chez ces derniers.

Le revers, tout or, est ciselé au tracé en répétant la composition de la face. Le lapis est imité par un pointillé sur les pétales de la fleur seulement.

Bibl. : *Journal d'entrée du Musée,* n° 28197; *Catalogue Maspero,* 1915, p. 423, n° 4072.

53209. Breloque. — Or et lapis. — Haut. 0 m. 036 mill. 1/2, larg. 0 m. 017 mill. 1/2, épaiss. 0 m. 005 mill.; poids 8 gr. 30 (pl. XCI).

Une breloque représentant le dieu Toum, profil à gauche, taillé dans une pierre de lapis particulièrement foncée.

La pierre est sertie dans une garniture d'or faite d'un fil fin enroulé sur un substratum invisible.

De chaque côté, une bordure d'or dentelée se rabat sur la pierre et la tient solidement.

Au revers, la pierre est plate et présente le sujet et l'inscription qui suivent : le dieu Toum debout à gauche. Devant lui, une déesse coiffée des cornes et du disque ; à l'exergue : .

53210. Pendeloque. — Or. — Longueur totale 0 m. 25 cent.; poids 15 gr. 50 (pl. XCI).

Une pendeloque composée d'un tube horizontal d'où partent deux chaînes (le départ d'une troisième se trouve inoccupé).

Ces chaînes, à la longueur de 0 m. 13 cent., en reçoivent chacune une nouvelle qui vient s'y rattacher et forment un groupe de 0 m. 09 cent. 1/2 de longueur.

A l'extrémité de chaque chaîne se trouve suspendu un cône; ces cônes devaient être occupés et jouaient probablement le rôle de calice de fleur. Ces petits motifs sont en mauvais état.

Les chaînes sont de la construction habituelle appelée chaîne colonne double.

53211. Breloque. — Or. — Haut. 0 m. 069 mill., larg. 0 m. 010 mill., longueur de la plinthe 0 m. 009 mill.; poids 23 gr. 50. — Trouvée à Mansourah, 1873 (pl. XCI).

Une breloque or massif : c'est une déesse Isis. Tous les détails de la couronne et de la coiffure sont traités avec soin. Le corps est un peu grêle : cela provient du procédé de la fonderie, lequel a été employé pour ce bijou et où le métal se retire en provoquant parfois des minceurs exagérées.

Bibl. : *Journal d'entrée du Musée*, n° 22075; Daressy, *Statues de Divinités*, n° 38876.

53212. Breloque. — Or et amazonite. — Haut. 0 m. 033 mill. 1/2, larg. 0 m. 019 mill. 1/2; poids 8 grammes. — Collection Huber, 1859 (pl. XCI).

Un cœur d'amazonite a reçu une monture d'or. Une bâte, enrichie de petits ovales ayant une petite perle d'or au milieu, entoure la partie carrée qui est au haut du cœur et la sertit. Un demi-cylindre, strié de petits fils accolés et dont les extrémités sont décorées de demi-rosaces ayant une perle plate au milieu, est relié à la bâte par quatre liens.

Sur le demi-cylindre, un crochet retient l'anneau de suspension. Crochet et anneau sont faits d'un fil enroulé sur un autre fil central.

L'aspect du bijou est très riche.

Bibl. : *Journal d'entrée du Musée*, n° 5312.

53213. Breloque. — Or et amazonite. — Haut. (moins l'anneau libre) o m. o53 mill., épaisseur : diamètre maximum o m. o16 mill., diamètre minimum o m. oo8 mill. 1/2; poids 13 gr. 5o. — Collection Huber, 1859 (pl. XCI).

Un bijou de la même famille que le précédent. La pierre, ayant une forme de manche d'arme ou d'outil, s'épanouit vers le haut et là elle est sertie dans une monture faite entièrement de fils fins enroulés sur un fil central. L'ensemble possède au sommet un anneau fixe qui retient un autre anneau libre.

Ce travail, très délicat et parfaitement exécuté, donne une impression de richesse qui n'exclut pas l'élégance.

Bibl. : *Journal d'entrée du Musée*, n° 5311.

53214-53214 *bis*. Feuilles d'or en forme de bouts de doigts. — Long. o m. o35 mill., larg. o m. o14 mill. (pl. XCIV).

Deux feuilles d'or minces découpées en forme de langues ou de doigts. Ils sont en très mauvais état et n'offrent pas de particularités.

53215. Flagellum. — Bois doré, émaux de couleurs. — Long. o m. 32 cent. (pl. XCV).

Un flagellum composé de trois séries de perles, dont cinquante-quatre sphériques, quinze longues et deux traverses en bois dont l'une est encore en partie dorée, l'autre est récemment placée; elle est neuve.

Le dispositif est celui-ci : horizontalement, trois perles sphériques bleu lapis, une traverse de bois, trois perles bleu turquoise, trois perles bleu lapis; ici se logent trois longues perles, une bleu turquoise, une imitant la turquoise, la seconde en une substance peut-être naturelle, rouge antique, la troisième en bois doré; puis à nouveau trois sphériques bleu lapis, trois verre ambré, trois bleu turquoise. Le second rang des longues perles est en bois doré. Le rang qui suit est en perles bleu foncé, puis, une traverse en bois doré. A partir de ce moment les rangs sont semblables : nous les verrons verticalement perle lapis, longue turquoise, lapis, ambrée, turquoise, longue rouge antique; turquoise, lapis, turquoise, longue lapis, puis deux turquoise et deux lapis.

53216. Scarabée. — Serpentine verte. — Grand axe o m. o54 mill., petit axe o m. o38 mill., épaisseur maximum o m. o21 mill. 1/2; poids 76 grammes. — Trouvé à Deir-el-Bahari, 1886 (pl. XCV).

Un scarabée en serpentine verte. Il est d'un travail très simple.

Sur le plat on voit huit lignes de texte hiéroglyphique : c'est le chapitre du cœur du *Livre des Morts*.

BIBL. : *Journal d'entrée du Musée*, n° 26291.

53217. Dad. — Bois doré et incrusté d'émaux. — Haut. o m. 074 mill., plus grande largeur o m. 031 mill., plus petite largeur o m. 016 mill.; poids 9 grammes (pl. XCV).

Un signe *dad* en bois, doré et incrusté. Les pierres faites de parties étroites qui garnissent les entre-deux des parties horizontales paraissent être vraies; c'est, en commençant par en haut, le premier entre-deux : lapis; le second : cornaline; le troisième : lapis; enfin le quatrième : turquoise.

Pour la grande branche du bas, il semble bien que l'imitation des matières est certaine. C'est au milieu, une plaque étroite en rouge antique, flanquée de plaques de lapis.

Tout le reste est ou a été recouvert de plaques d'or. L'ensemble est aujourd'hui en très mauvais état.

BIBL. : *Journal d'entrée du Musée*, n° 31396.

53218. Collier. — Or. — Long. o m. 40 cent., larg. o m. 013 mill. — Peut-être les égides trouvées par Mariette sur une momie sans légende en même temps que les ornements d'oreilles vus au n° 52323, pl. XXVII (XXe dynastie) (pl. XCV).

Un collier or composé de soixante motifs d'or. Ce sont des égides, têtes de divinités humaines ou animales, coiffées d'un disque et ornées d'un grand collier. Il y en a deux qui sont à tête de bélier, six à tête de lion, deux à tête de chat, cinq à tête de faucon et cinq têtes d'hommes barbus; le reste est à tête de femme.

Les revers sont travaillés au tracé.

BIBL. : *Catalogue Maspero*, 1914, p. 423, n° 4070.

53219. Sept chatons. — Or garni de pierres variées (pl. XCV).

Tous sont construits en forme de boîtes complètes. Les variantes sont signalées aux numéros respectifs.

1. Grand axe o m. 013 mill., petit axe o m. 010 mill. Le chaton contient une sardoine; cette pierre a été percée d'un trou apparent. Les bords du chaton, en haut et en bas, sont ornés d'un rang de perles.

51.

2. Grand axe o m. 012 mill., petit axe o m. 010 mill. La pierre est une cornaline ou un émail de la couleur. Les bords sont ornés de perles, comme le numéro précédent.
3. Grand axe o m. 013 mill., petit axe o m. 008 mill. 1/2. La pierre (ou l'émail) est couleur topaze brûlée. Le chaton est en mauvais état et sans décor.
4. Grand axe o m. 009 mill. 1/2, petit axe o m. 008 mill. Les bords du chaton sont perlés. La pierre, brisée, est d'une nuance indécise.
5. Grand axe o m. 010 mill. 1/2, petit axe o m. 008 mill. Les bords du chaton sont perlés. La pierre est une sardoine.
6. Grand axe o m. 010 mill., petit axe o m. 008 mill. 1/2. Les bords du chaton sont perlés et la pierre est une sardoine.
7. Grand axe o m. 010 mill. 1/2, petit axe o m. 009 mill. Le chaton est irrégulièrement octogonal. Les bords sont perlés. La pierre semble une cornaline très claire.

Tous sont percés de part en part dans le sens du grand axe, horizontalement.

53220. Cœur. — Pierre dure jaunâtre. — Haut. o m. 012 mill., larg. o m. 007 mill. — Trouvé dans la tombe de Pinotem II (pl. XCVI).

Un cœur en pierre dure, peu transparente et jaunâtre. Un anneau a été ménagé dans la matière, au sommet du cœur.

XXIe dynastie.

Bibl. : *Journal d'entrée du Musée*, n° 26288.

53221. Cœur. — Cornaline (pl. XCVI).

Semblable au cœur n° 53220. Même origine.

XXIe dynastie.

Bibl. : *Journal d'entrée du Musée*, n° 26288.

53222. Cœur. — Amazonite. — Haut. o m. 011 mill., larg. o m. 007 mill. — Trouvé sur la momie de Pinotem II (pl. XCVI).

Un cœur, amazonite. Un anneau est réservé au sommet par le lapidaire.

XXIe dynastie.

Bibl. : *Journal d'entrée du Musée*, n° 26288.

53223. Plaquette. — Or. — Haut. o m. 018 mill., larg. o m. 010 mill.; poids 1 gramme. — Trouvée dans la tombe de Pinotem II, 1887 (pl. XCVI).

Une plaquette en hauteur. Le sommet, légèrement arrondi, est muni de l'anneau de suspension.

Sur la plaque on voit un faucon, profil à droite. Le décor est exécuté au tracé et très sommairement.

XXIe dynastie.

Bibl. : *Journal d'entrée du Musée*, n° 26285.

53224. Plaquette. — Lapis. — Haut. 0 m. 015 mill., larg. 0 m. 008 mill. — Trouvée sur la momie de Pinotem II (pl. XCVI).

Une plaquette de lapis. Elle est légèrement trapèze. En haut, une portion de cercle entoure le trou de suspension, qui est ménagé dans la matière.

XXIe dynastie.

Bibl. : *Journal d'entrée du Musée*, n° 26286.

53225. Dad. — Or. — Haut. 0 m. 022 mill., larg. 0 m. 009 mill. 1/2. — Trouvé sur la momie de Pinotem II (pl. XCVI).

Un *dad* fait d'une plaque d'or très mince. L'exécution, au tracé, est faite sans soin apparent. Au sommet du revers est un anneau de suspension, mince et plat.

XXIe dynastie.

Bibl. : *Journal d'entrée du Musée*, n° 26284.

53226. Breloque. — Céramique bleu lapis. — Haut. (anneau compris) 0 m. 030 mill., larg. 0 m. 011 mill., épaiss. 0 m. 005 mill. 1/2 (pl. XCVI).

Une breloque en hauteur. La partie supérieure s'arrondit et se termine par un anneau fait de la matière même.

Sur la face on voit un Thot lunaire.

Le revers est plat.

XXIe dynastie.

Bibl. : *Journal d'entrée du Musée*, n° 26287.

53227. Breloque. — Céramique bleu lapis. — Haut. (anneau compris) 0 m. 031 mill., largeur maximum 0 m. 015 mill., épaiss. 0 m. 005 mill. (pl. XCVI).

Un *dad* en céramique bleu lapis. La partie supérieure possède un anneau percé dans le sens de la largeur.

Le revers répète la forme de la face.

XXIe dynastie.

Bibl. : *Journal d'entrée du Musée*, n° 26287.

53228. Petit bâton lotiforme. — Cornaline. — Haut. 0 m. 014 mill. 1/2, épaisseur : tige 0 m. 002 mill., fleur épanouie 0 m. 005 mill. — Trouvé sur la momie de Pinotem II (pl. XCVI).

Un petit bâton de cornaline, terminé à une extrémité par un lotus épanoui au-dessus duquel l'anneau de suspension a été réservé dans la matière.

XXIe dynastie.

Bibl. : *Journal d'entrée du Musée*, n° 26289.

53229. Plaque. — Haut. 0 m. 027 mill., larg. 0 m. 035 mill.; poids 5 gr. 40. — Achat, janvier 1887 (pl. XCVI).

Une plaque d'un métal indéfinissable, qui paraît être de l'électrum très pâle, mais dont l'état rend les suppositions douteuses.

Sur cette plaque l'*oudja* est tracé simplement au trait.

Bibl. : *Journal d'entrée du Musée*, n° 27507.

53230. Oudja. — Or. — Haut. 0 m. 019 mill., larg. 0 m. 021 mill.; poids 3 gr. 50 (pl. XCVI).

Un *oudja* en or. Il est en métal très mince, manifestement enfoncé dans un moule de métal ou, simplement, de pierre, car le métal n'offre pas beaucoup de résistance à cette épaisseur.

Au revers, une plaque unie cache l'intérieur et ne permet pas de mesurer l'épaisseur du métal.

Un anneau plat est posé au sommet.

Quelques traits, faits au traçoir, finissent d'une façon médiocre ce bijou.

53231. Oudjas. — Or. — Haut. 0 m. 008 mill., larg. 0 m. 009 mill. 1/2; poids 50 centigrammes (pl. XCVI).

Dix-neuf petits *oudjas* exécutés comme le précédent, c'est-à-dire que les plaques ont été enfoncées dans un moule et un fond plat a été soudé masquant l'intérieur du travail. A la partie supérieure un anneau apparent a été soudé horizontalement; deux *oudjas* sont dépourvus de cet anneau.

Bien que ces objets ne soient pas réunis en ce moment, il est évident qu'ils appartiennent à la même combinaison.

53232. Oudjas. — Or. — Haut. o m. 020 mill., larg. o m. 029 mill.; poids 80 centigrammes (pl. XCVI).

Dix *oudjas* en or estampé dans un moule. Le métal est d'une légèreté qui apparaît quand on compare les dimensions au poids. La conservation, dans ces conditions, est forcément médiocre et presque tous sont en mauvais état.

Ces objets sont construits comme les précédents, c'est-à-dire qu'une plaque unie masque au revers le travail de la plaque décorée. Ici il n'y a pas d'anneaux : les objets étaient réunis par un fil qui passait horizontalement au niveau du dessus de l'œil.

53233. Petit groupe. — Or et lapis. — Haut. o m. 017 mill., larg. o m. 013 mill. 1/2; poids 2 grammes. — Trouvé à Saqqarah, 1900 (pl. XCVII).

Un petit groupe composé, au centre, d'un *dad* en lapis, cloisonné d'or et surmonté de l'*atef*, en or; de chaque côté, de petits cynocéphales sont en adoration.

Au revers, le *dad* et l'*atef* sont en or uni. L'anneau de suspension est derrière l'*atef*.

Les cynocéphales sont *construits* en plusieurs morceaux; pattes et queues sont rapportées.

Le tout est porté sur une plinthe faite d'une petite feuille d'or mince.

Bibl. : *Journal d'entrée du Musée*, n° 34480; Barsanti, *Annales du Service des Antiquités*, I, p. 270; Maspero, *ibid.*, III, pl. I, n°s 3 et 4.

53234. Oudja. — Or. — Larg. o m. 005 mill. 1/2, haut. (anneau compris) o m. 005 mill. 1/2; poids 30 centigrammes. — Trouvé à Saqqarah, mai 1900 (pl. XCVII).

Un *oudja* très petit. Il est découpé et les traits indiquant les formes sont simplement tracés des deux côtés.

Un anneau de suspension est posé en travers au niveau de la prunelle.

Bibl. : *Journal d'entrée du Musée*, n° 34509; Barsanti, *Annales du Service des Antiquités*, I, p. 270.

53235. Vase (?). — Or. — Haut. o m. 010 mill., diam. o m. 010 mill.; poids 1 gr. 30. — Trouvé à Saqqarah, 1900 (pl. XCVII).

Une sorte de vase sphérique qui donne d'abord une impression de perle; mais il y a une ouverture à l'opposé de laquelle on voit un fond plat rapporté. L'anneau de suspension, placé à côté de l'ouverture, contribue à donner l'impression d'un vase muni d'une petite anse.

L'or, qui est mince, est très froissé.

Bibl. : *Journal d'entrée du Musée*, n° 34483.

53236. Petit naos pendeloque. — Or. — Larg. o m. oo5 mill. 1/2, haut. (anneau compris) o m. oo6 mill.; poids 6o centigrammes. — Trouvé à Saqqarah, 1900 (pl. XCVII).

Un petit naos. Malgré ses petites dimensions, il semble être *construit* et non pas découpé dans une plaque d'or. Le poids (6 o centigrammes) vient à l'appui de cette supposition.

Bibl. : *Journal d'entrée du Musée*, n° 34522; Barsanti, *Annales du Service des Antiquités*, I, p. 270.

53237. Épervier. — Or. — Haut. o m. oo6 mill., larg. o m. o18 mill. — Trouvé à Saqqarah, 1900 (pl. XCVII).

Un petit épervier aux ailes déployées. Des anneaux sont soudés aux extrémités des ailes. Même exécution délicate que les bijoux précédents.

Bibl. : *Journal d'entrée du Musée*, n° 34486; Barsanti, *Annales du Service des Antiquités*, I, p. 270.

53238. Groupe. — Or et hématite (?). — Haut. o m. o18 mill., larg. o m. o12 mill. 1/2, profond. o m. oo7 mill.; poids 2 gr. 90 (pl. XCVII).

Un groupe ayant de l'analogie avec le n° 53233, en ce sens que le motif central est couronné de l'*atef* et que deux cynocéphales sont en adoration de chaque côté. Mais ce motif du milieu manque et il était différent de celui du numéro précité. Au lieu du cloisonnement d'un *atef*, nous voyons un logement *à jour*, une plinthe composée d'une cloison d'or, retenant une pierre rouge, non polie, qui semble être de l'hématite.
Deux petites bandes d'or, venant de droite et de gauche, servaient sans doute à retenir le motif abrité par ce logement.

Bibl. : *Journal d'entrée du Musée*, n° 34530; Barsanti, *Annales du Service des Antiquités*, I, p. 270.

53239. Oudja. — Or. — Trouvé à Saqqarah, 1900 (pl. XCVII).

Semblable à celui qui a été décrit sous le n° 53234; mais l'anneau de suspension manque.

Bibl. : *Journal d'entrée du Musée*, n° 34509; Barsanti, *Annales du Service des Antiquités*, I, p. 270.

53240. Pendeloque en forme d'urne. — Or. — Haut. o m. o23 mill., diamètre maximum o m. oo6 mill. 1/2; poids 1 gr. 6o. — Trouvée à Saqqarah, 1900 (pl. XCVII).

Une pendeloque en forme d'urne. Elle est en très mauvais état, tordue, froissée. L'anneau de suspension est placé près du col, en haut de la panse.

Bibl. : *Journal d'entrée du Musée*, n° 34482.

53241. Oudja (pendeloque). — Or. — Trouvé à Saqqarah, 1900 (pl. XCVII).

Mêmes dimensions et même aspect que les n°s 53234 et 53239.
Celui-ci possède son anneau de suspension.

Bibl. : *Journal d'entrée du Musée*, n° 34509; Barsanti, *Annales du Service des Antiquités*, I, p. 270.

53242. Breloque. — Or. — Larg. 0 m. 014 mill., haut. 0 m. 007 mill. 1/2; poids 65 centigrammes. — Trouvée à Saqqarah, 1900 (pl. XCVII).

Une petite âme ailée à tête humaine (profil à gauche). Les anneaux de suspension sont en place aux extrémités des ailes.
Ce bijou est particulièrement petit, l'exécution toujours excellente.

Bibl. : *Journal d'entrée du Musée*, n° 34488; Barsanti, *Annales du Service des Antiquités*, I, p. 269.

53243. Bâton en forme de crosse. — Or. — Haut. 0 m. 022 mill., épaiss. 6/10 de millimètre; poids 30 centigrammes. — Trouvé à Saqqarah, 1900 (pl. XCVII).

Un fil d'or, tordu en forme de crosse (signe *hiq?*).

Bibl. : *Journal d'entrée du Musée*, n° 34511; Barsanti, *Annales du Service des Antiquités*, I, p. 270.

53244. Breloque ***pesesh-kaf.*** — Basalte. — Haut. 0 m. 016 mill., largeurs 0 m. 011 mill. et 0 m. 006 mill. 1/2, épaiss. 0 m. 004 mill. — Trouvée à Saqqarah, 1900 (pl. XCVII).

Bijou symbolique figurant l'outil servant à ouvrir la bouche du cadavre.
Il n'y a pas de moyen de suspension visible. Cependant l'existence d'une monture est probable.

Bibl. : *Journal d'entrée du Musée*, n° 34515; Barsanti, *Annales du Service des Antiquités*, I, p. 271.

53245. Breloque. — Serpentine. — Haut. (anneau compris) 0 m. 025 mill. 1/2, larg. 0 m. 014 mill. 1/2, épaiss. 0 m. 002 mill. 1/2. — Trouvée à Saqqarah (pl. XCVII).

Une plaque de serpentine rectangulaire, en hauteur, qui possède à sa partie supérieure un anneau pris dans la matière même. Cet anneau est horizontal; il est strié de trois traits transversaux.
Sur le plat de la face, en hauteur, on voit, exécuté d'un seul trait simple, un *ouadj* 𓇅.

Bibl. : *Journal d'entrée du Musée*, n° 34513; Barsanti, *Annales du Service des Antiquités*, I, p. 271.

53246. Âme. — Or. — Larg. 0 m. 260 mill., haut. 0 m. 103 mill.; poids 41 grammes. — Trouvée à Saqqarah, 1900 (pl. XCVIII).

Une plaque d'or de 3/10 de millimètre d'épaisseur; elle représente une âme.

La figure, agenouillée sur la jambe droite, a le visage tourné profil à droite. Ses deux bras étendus tiennent des plumes; ces bras se confondent avec la silhouette des ailes largement ouvertes. La tête est surmontée du disque.

La figure est parée d'un collier, sa tunique est un réseau d'un aspect riche, ses bras ont des bracelets aux poignets et près des deltoïdes.

Toutes ces indications sont simples comme il convient, étant donné le peu d'épaisseur du métal; mais l'exécution montre de l'habileté et du goût.

Le métal n'est pas limité à la silhouette, il reste au contraire un petit bord tout autour; c'est dans cette marque que sont percés les trous destinés aux clous qui fixaient cette plaque.

XXIe dynastie.

Bibl. : *Journal d'entrée du Musée*, n° 34526; Barsanti, *Annales du Service des Antiquités*, I, p. 268.

53247. Pendeloque. — Or. — Larg. 0 m. 030 mill., haut. 0 m. 019 mill.; poids 5 gr. 60. — Trouvée à Saqqarah, 1900 (pl. XCVIII).

Une pendeloque rectangulaire, en largeur. Elle possède deux anneaux de suspension qui sont à 0 m. 021 mill. de distance.

L'objet est fait d'une plaque d'or d'une épaisseur de 4/10 1/2 de millimètre; sur celle de face on voit un vautour, les ailes déployées, tête à droite, qui tient dans chaque serre le signe de vie; ce vautour a été découpé et soudé sur la plaque. Il est d'un travail très fin.

Au revers, on voit gravé le chapitre clviii du *Livre des Morts*.

Bibl. : *Journal d'entrée du Musée*, n° 34474; Barsanti, *Annales du Service des Antiquités*, I, p. 270; Maspero, *ibid.*, III, p. 3 et pl. I, n° 5 (il y a eu transposition dans l'article de M. Maspero : le texte donné pour ce bijou doit être attribué au collier inventorié au n° 53249, et le texte donné au n° 53249 doit être attribué au n° 53247).

53248. Pendeloque. — Or et pierres. — Long. 0 m. 038 mill., haut. 0 m. 019 mill. 1/2; poids 3 gr. 60. — Trouvée à Saqqarah, tombeau de Zannehibou (pl. XCVIII).

Une âme à tête humaine, les ailes déployées, la tête est profil à droite. Des anneaux de suspension, horizontaux, sont aux extrémités des ailes.

La construction est très habile. Le corps du bijou est fait d'une plaque mince sur laquelle on a rapporté des éléments variés.

Sur la face du bijou, qui est en réalité le dos de la figure, la tête seule est en or plein; tout le restant est fait de cloisonné qui indique le dos, les ailes et la queue. Malheureusement ces cloisons sont vides, ou du moins, le peu de substance qui reste ne nous donne pas d'indications suffisantes.

Au revers, face de la figure, on voit la tête. Les premiers rangs des ailes, le ventre, les pattes et la queue sont en or ciselé, le reste des ailes est cloisonné; les cloisons sont vides, au moins d'éléments précieux.

L'exécution de ce petit objet est très habile et d'une grande préciosité.

Bibl. : *Journal d'entrée du Musée*, n° 34475; Barsanti, *Annales du Service des Antiquités*, I, p. 269; Maspero, *ibid.*, III, p. 4 et pl. I, n°s 1 et 2.

53249. Pendeloque. — Or. — Larg. 0 m. 025 mill., haut. 0 m. 019 mill.; poids 1 gr. 50. — Trouvée à Saqqarah (pl. XCVIII).

Une pendeloque figurant un collier dont deux têtes de faucon seraient les fermoirs.

C'est une plaque simplement découpée. Deux anneaux sont placés derrière les têtes de faucon; ces anneaux sont horizontaux.

La face du collier est occupée par une inscription : c'est le chapitre CLVII du *Livre des Morts*, consacré au collier.

Bibl. : *Journal d'entrée du Musée*, n° 34476; Barsanti, *Annales du Service des Antiquités*, I, p. 271; Maspero, *ibid.*, III, p. 2 et pl. II, n°s 1 et 2.

53250. Pendeloque (faucon). — Or. — Larg. 0 m. 019 mill., haut. 0 m. 008 mill. 5; poids 1 gr. 20. — Trouvée à Saqqarah (pl. XCVIII).

Une petite pendeloque. C'est un faucon aux ailes déployées; il est vu de face, la tête à gauche.

Au revers, le bijou est muni de deux anneaux horizontaux, placés aux extrémités des ailes.

Ce petit bijou semble être fait de deux plaques superposées. Le détail du décor est exécuté avec beaucoup de préciosité.

Bibl. : *Journal d'entrée du Musée*, n° 34487; Barsanti, *Annales du Service des Antiquités*, I, p. 269; Maspero, *ibid.*, III, p. 4 et pl. II, n°s 5 et 6.

53251. Plaque. — Or. — Long. 0 m. 028 mill., larg. 0 m. 015 mill.; poids 60 centigrammes. — Trouvée à Saqqarah (pl. XCVIII).

Un fragment de plaque d'or, très mince, sans doute a fait partie d'un revêtement dont il serait un angle. L'état de ce fragment ne permet pas de faire une supposition ayant quelque base.

53252-53252 *bis*. Pendeloque ouvrante. — Or. — Haut. 0 m. 030 mill., larg. 0 m. 016 mill.; poids des deux parties réunies 2 grammes. — Trouvée à Saqqarah, février 1902 (pl. XCVIII).

Une pendeloque extrêmement mince (1/10 de millimètre). Sa forme est celle d'une olive; elle a, dans une des deux parties, deux anneaux *intérieurs* à sa partie inférieure et deux anneaux extérieurs à sa partie supérieure. L'autre partie possède un anneau intérieur en bas et un anneau extérieur en haut. De cette façon il était possible, en plaçant l'anneau inférieur de l'une entre les deux anneaux inférieurs de l'autre, de constituer une charnière en passant une goupille entre les trois anneaux. Mais cela n'est possible qu'une fois; et après avoir fait cette opération, quand on rapproche les deux parties et que l'anneau supérieur de l'une vient se loger entre les anneaux de l'autre, on ne peut agir dessus et les arrêter que parce qu'ils sont à l'extérieur.

L'extrême minceur du métal est cause que ce bijou est en très mauvais état; cependant il n'est que *froissé* et non déchiré.

Le bijou est présenté en deux parties séparées.

Bibl. : *Journal d'entrée du Musée*, n° 35363.

53253. Pendeloque-vautour. — Or. — Larg. 0 m. 019 mill., haut. 0 m. 008 mill. 1/2; poids 1 gramme. — Trouvée à Saqqarah (pl. XCVIII).

Un petit vautour tenant les serres écartées et simulant deux anneaux. Au revers il a les extrémités des ailes munies d'anneaux fixes et plats.

La plaque dans laquelle sont découpées les ailes et la queue est légèrement incurvée. La tête et le corps du vautour semblent être rapportés.

Le travail, dans tous les détails, est très soigné et très délicat.

Bibl. : *Journal d'entrée du Musée*, n° 34519; Barsanti, *Annales du Service des Antiquités*, I, p. 260; Maspero, *ibid.*, III, pl. II, n°s 3 et 4.

53254. Plaque. — Or. — Long. 0 m. 037 mill., larg. 0 m. 026 mill.; poids 60 centigrammes. — Trouvée à Saqqarah (pl. XCVIII).

Un fragment de plaque d'or, déchiré et froissé. Il serait téméraire de chercher quelques traces, sauf, peut-être, l'indication d'une couronne de la Basse-Égypte?

53255. Coquille. — Or. — Haut. 0 m. 076 mill., larg. 0 m. 075 mill.; poids 63 grammes. — Trouvée à Dahchour, fouilles de Morgan, 1895 (pl. LXXV).

Une coquille d'or du type bivalve d'une très belle facture, dans un état parfait. Elle est entièrement unie; seul un anneau horizontal, placé à l'intérieur, a l'articulation striée.

Cette coquille paraît analogue à celle déjà cataloguée au n° 53143. Elle peut donc être suspecte d'être du plaqué comme est l'autre; cela est possible. Toutefois celle qui nous occupe est d'une épaisseur sensiblement constante, un peu plus ou un peu moins de 1 millimètre, alors que l'épaisseur est grandement augmentée à certains points de l'autre coquille et notamment près de l'articulation.

XIIe dynastie.

Bibl. : *Journal d'entrée du Musée*, n° 30878.

53256. Figure d'Hathor. — Or blanc. — Haut. 0 m. 052 mill.; poids 6 grammes. — Trouvée à Tell Basta (Bubastis), Zagazig, 1900.

Une figure de la déesse Hathor en or blanc, tenant de la main gauche une tige de lotus. Elle est debout, profil à droite. Sur sa tête, le disque solaire entre les cornes de vache est surmonté des longues plumes. Le bras droit est tombant le long du corps et la main tient le signe de la vie. Elle est enveloppée d'un réseau simplement tracé ainsi que la coiffure et le collier.

Cette figure, exécutée avec rapidité, ne se distinguerait en rien de toutes celles que l'on voit sur les momies; mais le poids attire l'attention. En effet, elle a été doublée d'une autre plaque, *soudée à plein*, et qui, étant assez épaisse, a été difficile à découper à son tour, et le travail est très grossier. L'opération de la soudure est médiocrement réussie et les plaques ne font pas un tout homogène.

Époque ptolémaïque.

Bibl. : *Journal d'entrée du Musée*, n° 38676.

53257. Figure d'Isis. — Or. — Haut. 0 m. 034 mill., larg. 0 m. 032 mill.; poids 6 gr. 50. — Trouvée à Tell Basta (Bubastis), Zagazig, 1900.

Une figure d'Isis. L'or est jaune.

La déesse est vue de profil à droite, les bras étendus dans cette direction, et les ailes déployées prolongeant les bras.

Elle est coiffée du disque entre les cornes.

Le bas du corps a une déchirure.

Cet objet présente les mêmes caractéristiques que le précédent quant à la technique.

Époque ptolémaïque.

Bibl. : *Journal d'entrée du Musée*, n° 38677.

53258. Vase (assemblages de fragments). — Argent. — Diam. 0 m. 145 mill., haut. 0 m. 135 mill.; poids 248 grammes. — Trouvé à Tell Basta (Bubastis), Zagazig.

Fragments réunis par des fils de fer et des morceaux de toile. Le vase se composait d'une panse et d'une partie cylindrique au-dessus.

La panse, dans sa partie supérieure, a reçu des hiéroglyphes dont il ne reste que quelques fragments.

Le reste de la panse est décoré de rangs verticaux imitant la corde tressée ou formant des lignes de cœurs se pénétrant. Le relief est obtenu de la façon la plus simple, qui est d'ailleurs employée dans presque toutes les pièces de la trouvaille, c'est-à-dire que l'on enfonce profondément les traits qui séparent les motifs; ce qui permet de les modeler un peu.

Au-dessous, un schéma de lotus épanoui qui rayonne sur toute la surface. Il est exécuté au tracé.

Époque ptolémaïque.

Bibl. : *Journal d'entrée du Musée*, n° 39868.

53259. Vase. — Or. — Haut. 0 m. 076 mill., diamètre à la panse 0 m. 057 mill., diamètre au collet 0 m. 036 mill.; poids 95 grammes. — Trouvé à Tell Basta (Bubastis), Zagazig, 1907 (pl. CIV).

Un vase d'or, composé d'une panse et d'un collet. La panse a 0 m. 046 mill. de haut et le collet 0 m. 030 mill. L'épaisseur du métal est de 8/10 de millimètre, sauf au bord de l'ouverture, où il a été replié et où il donne 0 m. 001 mill. 1/2. Ce vase est exécuté à la rétreinte, c'est-à-dire comme la chaudronnerie. Il est d'une seule feuille d'or.

Sur le collet, près du bord, un anneau mobile est retenu par une bride; cette bride a au centre une pierre enchâssée, laquelle est malheureusement en trop mauvais état pour pouvoir être déterminée. Le chaton qui la contenait est soudé sur la bride; celle-ci s'élargit aux extrémités et elle est fixée au collet du vase par trois rivets solides dont les têtes ont, à l'intérieur du vase, 0 m. 006 mill. de diamètre. L'anneau est formé comme le sont un grand nombre de bagues : le corps, en forme de fuseau, se termine en fils très allongés. Ces extrémités filiformes sont passées dans le tenon où elles se croisent; elles sont ensuite enroulées autour du corps de la bague ou, dans l'espèce, autour de l'anneau.

Le décor est fait au tracé. Sur le collet il forme trois bandes : sur celle du haut, des feuilles lancéolées sont posées verticalement la pointe en bas; le rang du milieu est garni de cœurs; enfin celui du bas est fait de portions de cercles au milieu desquelles une petite rosace est indiquée par un point central entouré de quelques points plus petits.

Sur la panse, au milieu, est un ornement en forme de collier, une feuille de lotus renversée et quelques anneaux, le tout très médiocre d'exécution.

XIXe dynastie.

Bibl. : *Journal d'entrée du Musée*, n° 39871; *Catalogue Maspero*, 1915, p. 443, fig. 127.

53260. Coupe. — Or. — Haut. 0 m. 094 mill., largeur de la coupe 0 m. 079 mill., largeur du pied à la base 0 m. 043 mill.; poids 80 grammes. — Trouvée à Tell Basta (Bubastis), Zagazig, 1907 (pl. CIV).

Une coupe en forme de verre ordinaire. Elle se compose de la coupe proprement dite, qui a 0 m. 052 mill. de haut, et d'un pied en forme de pavillon de trompette dont la hauteur est de 0 m. 042 mill., le diamètre maximum de 0 m. 043 mill. à la base et celui du corps de 0 m. 013 mill.

Le pied et la coupe sont réunis par une soudure.

Tout ce travail est d'une extrême médiocrité.

Le décor est fait au tracé. Quatre larges feuilles lancéolées vont de la base au bord supérieur de la coupe; entre elles viennent se placer quatre autres feuilles de même nature et enfin huit autres feuilles viennent prendre place entre les autres.

Les quatre premières sont décorées de cinq traits intérieurs qui divisent la feuille en six parties dans le sens de la longueur.

Les quatre suivantes ont des traits horizontaux à la base, puis des traits viennent, à l'imitation des premiers, partager la feuille en six parties.

Enfin les dernières n'ont que quelques traits horizontaux à la base.

Sur la partie cylindrique du pied nous voyons le cartouche ci-contre, puis au-dessous quatre traits horizontaux. Enfin des ornements en dents de scie, la pointe en bas, terminent ce décor, aussi médiocre que la construction.

XIXe dynastie.

Bibl. : *Journal d'entrée du Musée*, n° 39872; *Catalogue Maspero*, 1915, p. 445, n° 4218.

53261. Vase. — Or. — Haut. 0 m. 112 mill., largeur de la panse 0 m. 083 mill., largeur du collet 0 m. 053 mill.; poids 209 grammes. — Trouvé à Tell Basta (Bubastis), Zagazig, 1907 (pl. CIV).

Un vase analogue comme forme à celui qui porte le n° 53259. Il est fait également de la même façon, c'est-à-dire en rétreinte, comme la chaudronnerie. L'épaisseur du métal est de 6/10 de millimètre.

Il possède un anneau mobile qui est relié au vase par une barrette rivée dont les extrémités s'épanouissent en feuilles de lotus; cette barrette est ornée d'un taureau couché, d'une belle exécution.

L'anneau également est fait, comme celui du n° 53259, d'un fuseau ventru au centre et se terminant en de longs fils qui viennent de chaque côté s'enrouler sur le corps de l'anneau.

Le décor du collet est fait au tracé sur quatre rangs horizontaux. Le plus élevé se compose de feuilles lancéolées verticales, pointes en bas, avec quelques traits striés horizontaux entre elles et quelques points. La seconde zone a dix fleurs de lotus épanouies (pointes en bas) et séparées par des grappes pointillées alternant avec un décor fait de trois cercles pointillés et d'une espèce de lotus non épanoui. La troisième zone n'a que des cercles pointillés. Enfin la quatrième se compose d'arceaux s'écartant à leurs points de rencontre, de façon à présenter l'aspect d'une fleurette. La panse est décorée de graines régulièrement rangées, l'ensemble imitant une pomme de maïs. Le dessous est décoré d'une rosace tracée.

XIXe dynastie.

Bibl. : *Journal d'entrée du Musée*, n° 39870; Maspero, *Guide du Visiteur*, 1915, p. 443, fig. 127.

53262. Vase. — Or et argent. — Haut. o m. 168 mill., diamètre de la panse o m. 135 mill., diamètre du collet o m. 082 mill.; poids 620 grammes. — Trouvé à Tell Basta (Bubastis), Zagazig, 1907 (pl. CV).

Un vase dont la panse d'argent, sensiblement sphérique, est prolongée par un collet cylindrique de même métal, lequel est terminé, au bord supérieur, par un bourrelet enveloppé d'une bande d'or.

L'anse est faite d'une chèvre d'or qui prend point d'appui de ses pieds de derrière sur la panse et dont le museau repose sur le bourrelet d'or supérieur; ses jambes repliées se relient au collet par une barrette dont les extrémités s'épanouissent en fleur de lotus. Cette barrette est également d'or et est fixée au collet par deux forts rivets de même métal dont les têtes, à l'intérieur du collet, ont un diamètre de o m. 01 cent.

L'épaisseur du métal composant le vase est d'environ o m. 001 mill. (il est assez difficile de prendre la mesure, l'argent étant en mauvais état). Le vase a beaucoup souffert : la panse est déchirée; l'on a dû couler du plâtre à l'intérieur pour maintenir en place des morceaux qui se séparaient du vase.

La chèvre est faite en deux parties fort bien rassemblées. Les jambes avant et arrière, la queue, les cornes et les oreilles sont rapportées. Un anneau passé dans les narines repose sur le bourrelet d'or qui enveloppe le bord du collet.

Le décor nous montre, exécutées au tracé sur le collet, sur deux rangs, des scènes de chasse variées.

Sur le haut de la panse, exécuté également au tracé, on voit dans un rectangle un tableau représentant un homme vêtu d'une longue robe plissée faisant une invocation à une déesse dont la coiffure est surmontée d'une sorte d'étoffe retombant en avant et en arrière, et portant un oiseau sur son sceptre.

Inscription à gauche du tableau : (→) .....

Inscription à droite du tableau : (←) .....

Ces inscriptions, toujours au tracé, occupent la partie supérieure de la panse, sur une largeur de 0 m. 015 mill. (le petit tableau du milieu a 0 m. 025 mill. de haut pour 0 m. 028 mill. de large).

Le reste de la panse est décoré d'une façon plus énergique. Utilisant la malléabilité de l'argent et en emplissant le vase d'un ciment mou, le ciseleur a tracé grassement quarante-cinq rangs verticaux de cœurs, au nombre de quinze par rang. Entre chaque rang un outil plus large, ou du moins un traçoir plus gras, a enfoncé le métal, ce qui donne à cette partie du décor un aspect plus corsé, plus modelé.

Le dessous est décoré, au tracé, d'une fleur de lotus épanouie dont l'exécution est négligée.

XIXe dynastie.

Bibl. : *Journal d'entrée du Musée*, n° 39867; Maspero, *Guide du Visiteur*, 1914, p. 432, fig. 103; *ibid.*, 1915, p. 444, fig. 128.

53263. **Plateau.** — Or et argent. — Diam. 0 m. 153 mill., haut. 0 m. 024 mill. (environ). — Trouvé à Tell Basta (Bubastis), Zagazig, 1907 (pl. CVI).

Un plateau d'argent dans un état de dégradation des plus déplorables. Cet état ne permet pas d'investigations; il est impossible, par exemple, de vérifier si le fond et son bord vertical ont été exécutés à l'aide d'une seule plaque.

Ce plateau formait comme fond deux zones qui n'étaient pas du même niveau; celle du milieu était légèrement en retrait, le bord extérieur forme un renflement avant de s'élever verticalement, sur le bord supérieur il est enveloppé d'une bande d'or.

Au centre on voit un cône d'or uni, entouré à la base d'une série de tresses formant une bande plate de 0 m. 007 mill. de large environ.

Sur le côté on voit une petite anse d'or; elle est attachée au plateau par des anneaux qui appartiennent à de petites plaquettes rivées sur le bord. Les rivets traversent non seulement ce bord, mais encore une contre-plaquette placée à l'intérieur, assurant ainsi la solidité : c'est ce qui a permis la conservation prolongée malgré la décomposition de l'argent.

Cette anse a été recouverte d'un vernis rouge que l'on rencontre bien souvent sur les bijoux égyptiens.

Sur le bord supérieur, quatre perles d'or, un peu écrasées, marquent l'emplacement de l'anse en l'enrichissant.

Sur la partie extérieure du bord vertical on lit :

Bibl. : *Journal d'entrée du Musée*, n° 39869.

53264. Pied de coupe. — Argent. — Grand diamètre 0 m. 059 mill., diamètre du bas 0 m. 030 mill., haut. 0 m. 042 mill.; poids 96 grammes. — Trouvé à Dendérah (pl. CVII).

Un pied de coupe d'une mouluration simple, ainsi que l'indique la reproduction. L'état n'est pas seulement mauvais par la faute des chlorures qui l'ont attaqué, mais il semble que nous voyons un travail en cours d'exécution, ou qui aurait subi des tentatives systématiques de destruction.

Cette pièce est fondue.

Bibl. : *Journal d'entrée du Musée*, n° 45231.

53265. Anse de vase. — Argent. — Hauteur totale 0 m. 107 mill., hauteur de la figurine 0 m. 045 mill., hauteur de la pièce de raccord sur le vase 0 m. 060 mill.; poids 83 grammes. — Saisie à Dendérah, juillet 1914 (pl. CVII).

Une anse de vase. Elle se compose d'abord d'un ornement qui s'épanouit en haut et en bas; en haut il assure le contact sur le vase auquel il est destiné, en bas il sert de piédestal à une petite figurine d'enfant ailé qui tient une corne d'abondance. La main droite, portée en arrière, et la gauche, portée en avant, soutiennent gracieusement leur fardeau.

Les deux ailes écartées venaient porter sur le vase à qui cette anse appartenait et elles lui étaient soudées; de même le point de contact du bas de l'ornement avec le vase est masqué par un mascaron, qui vient augmenter la surface du contact entre l'anse et la panse de la coupe.

L'état du métal est très mauvais, pulvérulent et cassant.

Bibl. : *Journal d'entrée du Musée*, n° 45225.

53266. Coupe. — Argent. — Grand diamètre 0 m. 092 mill., haut. 0 m. 054 mill.; poids 129 grammes. — Saisie à Dendérah, juillet 1914 (pl. CVII).

Une coupe d'argent de forme profonde; elle semble être exécutée à la rétreinte, c'est-à-dire de la façon la plus logique et la plus saine. L'état d'altération dans lequel se trouve le métal rend dangereux de se montrer trop affirmatif. L'épaisseur du métal vient à l'appui de l'hypothèse : 0 m. 002 mill. sur les bords et moins de 0 m. 001 mill. sur la panse.

Cette coupe possédait une anse qui a été arrachée : on voit encore les traces de l'emplacement où cet appendice était soudé. L'effort exercé sur la pièce pour obtenir la séparation a suffi pour briser un fragment assez important. Ce fragment est dans la coupe; il compte dans le poids donné ci-dessus.

Époque ptolémaïque.

Bibl. : *Journal d'entrée du Musée*, n° 45273.

53267. Coupe. — Argent. — Diam. 0 m. 222 mill., haut. 0 m. 044 mill.; poids 630 grammes. — Trouvée à Tell Tmaï (Thmouis) par É. Brugsch, 1871 (pl. CVIII et CIX).

Une coupe d'argent, largement ouverte, composée d'une partie creuse, décorée extérieurement, et d'un bord rapporté.

Le décor se compose de feuilles lancéolées au nombre de dix-huit et de perles en gouttes en nombre égal qui prennent place entre les extrémités des feuilles.

Au centre de ce décor est une cavité du diamètre de 0 m. 032 mill. et d'une profondeur de 0 m. 006 mill. Cette cavité donne à l'intérieur une perle en goutte de suif.

Les feuilles qui décorent la coupe commencent seulement à 0 m. 025 mill. du centre; elles laissent donc une place de 0 m. 050 mill. de diamètre au milieu de laquelle est la perle méplate.

La longueur des feuilles est de 0 m. 088 mill., leur largeur maximum de 0 m. 023 mill. Les perles en gouttes qui sont entre les feuilles ont une longueur de 0 m. 036 mill. et une largeur maximum de 0 m. 018 mill.; leur relief est considérable.

Le bord de la coupe a une largeur de 0 m. 022 mill.; il est légèrement incurvé.

L'épaisseur du métal employé est de 0 m. 002 mill. pour la coupe elle-même et de 0 m. 002 mill. 1/2 pour le bord, ce qui donne un aspect robuste tout en permettant d'exécuter le travail par le procédé du «repoussé», c'est-à-dire en martelant le métal, en le déplaçant, en le «modelant», mais sans avoir à le couper.

L'exécution est remarquable et la conservation parfaite.

Époque ptolémaïque.

Bibl. : *Catalogue Mariette*, n° 482; Maspero, *Guide du Visiteur*, 1914, p. 424, n°s 4100-4104; *ibid.*, 1915, p. 436, mêmes numéros; Mariette, *Album du Musée de Boulaq*, 1871, pl. XXII; *Catalogue Grébaut*, 1892, p. 127; Wallis, *Egyptian Ceramic Art*, p. 70, fig. 155; Lenormant, *Premières civilisations*, I, p. 250; É. Vernier, *La bijouterie et la joaillerie égyptiennes*, p. 117 et et pl. XXI, n° 1; *Catalogue général des Antiquités égyptiennes du Musée du Caire* : von Bissing, *Metallgefässe*, n° 3581, Tafel III.

53268. Couvercle. — Diam. o m. 074 mill., haut. o m. 013 mill. 1/2, largeur de l'anse o m. 027 mill., haut. o m. 021 mill.; poids 112 grammes. — Trouvé à Tell Tmaï (Thmouis) par É. Brugsch, 1871 (pl. CIX).

Un couvercle de forme circulaire, plat, le bord à angle droit, renforcé d'un petit bourrelet.

Sur le couvercle est une anse qui simule une tige de lotus formant l'anse proprement dite et de chaque côté de laquelle une fleur et deux boutons de lotus s'épanouissent, à plat, sur le couvercle. La section de la tige est carrée; elle est décorée de traits gravés profondément de même que les fleurs de lotus.

Les épaisseurs sont importantes, le poids le décélerait s'il en était besoin : 1 millimètre sur le plat, plus de 2 millimètres pour le bord; enfin l'anse présente o m. 007 mill. de large sur o m. 006 mill. 1/2 d'épaisseur.

Époque ptolémaïque.

Bibl. : Mariette, *Album du Musée de Boulaq*, 1871, pl. XXII; Mariette, *Monuments divers*, pl. XXXII, texte p. 8; *Catalogue général des Antiquités égyptiennes du Musée du Caire* : von Bissing, *Metallgefässe*, n° 3587; Maspero, *Guide du Visiteur*, 1914, p. 424, n° 4100.

53269. Couvercle. — Argent. — Diam. o m. 075 mill., haut. o m. 015 mill. 1/2; poids 126 grammes.

Un couvercle en argent, de même aspect que le précédent. Il est en très mauvais état. La tige qui sert d'anse, très altérée, est mal reliée au couvercle; sa section est circulaire. Détail important : les motifs décoratifs qui terminent l'anse des deux côtés ne sont pas des lotus, mais des palmettes grecques.

53270. Angle. — Argent. — Hauteur totale o m. 093 mill., hauteur au-dessus de l'ouverture o m. 065 mill., largeur du côté droit : à droite de l'examinateur o m. 075 mill., à gauche (mesurée à la corniche) o m. 074 mill.; poids 377 grammes. — Trouvé à Mansourah.

Une pièce figurant l'angle du haut d'un édicule en forme de naos. On voit une corniche assez saillante, sous laquelle un gaudron fixe la hauteur de la corniche (o m. 037 mill.) et masque l'angle saillant du monument.

A l'intérieur on voit des plaques de renfort qui doublent et consolident la construction.

Le procédé d'exécution est celui de la fonderie, l'exécution en est habile.

Les faces et différentes parties à l'intérieur sont décorées et protégées par une feuille très mince d'électrum battu. La conservation est assez bonne.

Cette pièce et la suivante formaient les angles d'un naos de bois.

Époque ptolémaïque.

BIBL. : *Catalogue Maspero* (fiches), n° 2874; MASPERO, *Guide du Visiteur,* 1915, p. 437, n° 4105-4106.

53271. Angle. — Argent. — Hauteur totale o m. 093 mill.; poids 397 grammes. — Trouvé à Mansourah.

Un autre objet de même apparence et semblable également dans les détails, sauf une légère différence dans le poids.

Époque ptolémaïque.

BIBL. : *Catalogue Maspero* (fiches), n° 2874; MASPERO, *Guide du Visiteur,* 1915, p. 437, n° 4105-4106.

53272. Pectoral (fragment). — Argent doré. — Plus grande longueur o m. 083 mill., haut. o m. 051 mill., épaiss. o m. 008 mill. 1/2; poids 23 grammes. — Trouvé à Mansourah.

Partie inférieure d'un objet qui a la forme d'un naos, et qui était probablement un pectoral.

La pièce est construite en lames de métal assemblées. Une base et des montants forment boîtes ouvertes au revers. Entre les montants, qui par rapport à la base indiquent une formation en trapèze, il reste des fragments extrêmement modestes. A droite de l'observateur on voit un personnage coiffé de la couronne de la Haute et de la Basse-Égypte et tenant dans la main gauche le signe de la vie très peu visible.

En face il ne reste que la partie inférieure d'un corps de femme nue, qui tient dans la main droite le signe de la vie, plus visible que celui du personnage en face.

La dorure est intacte sur les fragments de personnages, et presque complètement effacée sur les parties encadrant la scène.

Bien que nous employions le mot «dorure», le métal semble être plutôt de l'électrum, car il est très pâle.

Époque ptolémaïque.

53273. Réunion de chaînes ou colliers composés de perles d'argent agglomérées en un paquet rigide du poids de 534 grammes. — Trouvée à Mansourah(?).

Une réunion de motifs de perles groupées par quatre, sans que l'on puisse déterminer si ce dispositif est dû à un enfilage de forme particulière ou à un assemblage préalable dans la construction des perles. L'adhérence des parties entre elles ne permet pas d'investigations.

Le métal est très altéré.

53274. Vase. — Argent. — Diamètre à l'ouverture 0 m. 109 mill., diamètre de la panse 0 m. 114 mill., hauteur totale 0 m. 092 mill., hauteur du collet 0 m. 032 mill.; poids 480 grammes. — Trouvé à Tell Tmaï (Thmouis) par É. Brugsch, 1871 (pl. CIX et CX).

Un vase composé d'une panse et d'un collet. La panse a été faite au marteau, à la rétreinte; le collet est une bande d'argent que l'on a mise en cercle légèrement incurvé et que l'on a soudé d'une façon dont la maladresse étonne dans une pièce de cette valeur.

La réunion de la panse et du collet est masquée par un gros fil d'argent soudé à cheval sur le rapprochement des deux parties.

L'épaisseur du métal à la panse est de plus de 2 millimètres; celle du collet, au bord, est de 0 m. 003 mill.

La panse est ornée de schémas de boutons de lotus. Voici le dispositif du décor : d'abord, au centre, une rosace semblable à celles qui ornent tous ces objets : une perle plate entourée de quatorze pétales. Ensuite, en partant d'un cercle entourant la rosace, lequel cercle a 0 m. 034 mill. de diamètre, nous voyons huit boutons de lotus importants; ces boutons s'étendent du cercle central à quelques millimètres du raccord de la panse au collet. Les dimensions sont : pour la tige, environ 0 m. 020 mill.; pour le bouton, 0 m. 046 mill. et 0 m. 021 mill. dans sa plus grande largeur. Entre ces boutons prennent place des groupes de trois petits boutons, celui du milieu un peu plus fort que les deux autres; ils ont 26 et 18 millimètres de longueur sans la tige.

L'exécution de ce décor appelle l'attention. Ce travail est purement de surface et il évite les déformations que peuvent entraîner les déplacements de métal, surtout quand il est épais et que le ciseleur lui demande beaucoup. Voici ce travail : le dessin du décor est *gravé*, c'est-à-dire fait à l'*outil coupant :* il ne s'opère donc aucun travail de déplacement dans le métal. Ensuite pour obtenir un relief apparent, c'est encore en coupant que l'artisan a doucement modelé le fond en le coussinant. Ensuite les boutons ont été décorés, les grands de trois points creux près de la tige et de quatre canaux qui les garnissent dans le sens de la hauteur; les petits gardent leur calice uni mais ont, eux aussi, quatre cannelures.

L'avantage de ce travail est de laisser intact l'intérieur du vase, car, même si le travail que nous venons de voir laissait quelques traces, c'est peu de chose que de les effacer. Par contre, il ne faut pas songer à un décor ayant un peu d'importance, de couleur. L'artisan doit savoir faire son choix.

Époque ptolémaïque.

BIBL. : *Catalogue Mariette*, 1876, p. 192, nos 482 à 486; MASPERO, *Guide du Visiteur*, 1915, p. 436, nos 4100-4104; MASPERO, *Archéologie égyptienne*, 1907, p. 300, fig. 276; MARIETTE, *Album du Musée de Boulaq*, 1871, pl. XXII; É. VERNIER, *La bijouterie et la joaillerie égyptiennes*, p. 117 et pl. XXI, n° 2; *Catalogue général des Antiquités égyptiennes du Musée du Caire* : VON BISSING, *Metallgefässe*, n° 3584.

53275. Coupe. — Argent. — Diam. 0 m. 152 mill., haut. 0 m. 032 mill.; poids 500 grammes. — Trouvée à Tell Tmaï (Thmouis) par É. Brugsch, 1871 (pl. CIX et CX).

Une coupe composée d'un fond et d'un bord qui est un simple bandeau plat.

L'exécution est très imparfaite, surtout comparée à celle des autres œuvres. L'impression est que la partie décorée, le fond, pourrait être fondue. Les défauts abondent, des trous ont été bouchés à la soudure.

Le bord, une bande d'argent uni, a une épaisseur de 0 m. 003 mill.

Le fond a des inégalités d'épaisseur allant de 2 mill. 1/2 à 3 millimètres.

L'intérieur de la coupe est uni.

L'extérieur a reçu la décoration que nous connaissons. Au centre, une rosace composée d'une perle plate et de douze pétales, le tout ayant 0 m. 018 mill. de diamètre; puis une surface plate et enfin les feuilles lancéolées allant aboutir au bas du bandeau faisant bordure.

Nous retrouvons aussi les olives(?) au nombre de trente, ainsi que les feuilles; elles sont d'une exécution médiocre et font songer à un objet obtenu par la fonte et ciselé ensuite sans soin.

Époque ptolémaïque.

BIBL. : Mêmes références que pour le n° 53267.

53276. Vase. — Argent. — Diamètre pris à la panse 0 m. 150 mill., diamètre au collet 0 m. 121 mill., diamètre à l'ouverture 0 m. 148 mill., haut. 0 m. 117 mill.; poids 520 grammes. — Trouvé à Tell Tmaï (Thmouis) par É. Brugsch, 1871 (pl. CIX et CXI).

Un très beau vase construit en trois parties : la panse, le collet, le bord extérieur. Il faut ajouter que le centre du fond est fermé par une plaque circulaire rapportée, de 0 m. 047 mill. de diamètre.

Les épaisseurs de la panse et du collet sont sensiblement égales : 0 m. 002 mill.

Le bord présente une surface apparente de 0 m. 006 mill. 1/2; mais il est creusé dessous extérieurement, formant une doucine.

La réunion de la panse et du collet est masquée par un gros fil soudé décoré en forme de corde.

La panse est la seule partie décorée; ce décor est à l'extérieur. Au centre, une rosace d'où rayonnent quinze pétales aux extrémités arrondies; elle a 0 m. 026 mill. de diamètre, elle se détache sur un fond plat. Puis, partant d'un cercle de 0 m. 033 mill.

de diamètre, vingt-six feuilles lancéolées enveloppent la panse jusqu'à 1 centimètre du collet. Entre les pointes de ces feuilles sur la partie la plus saillante de la panse, on a placé vingt-six motifs qui ressemblent à des olives dont une extrémité serait pointue. On peut employer l'expression de perles en forme de larmes (pointes en bas). Ces motifs ont une épaisseur sérieuse : 0 m. 004 mill. 1/2 au milieu.

Le décor est fait de la façon suivante : les feuilles ont été «tracées», c'est-à-dire faites à l'aide d'un outil non coupant employé avec le marteau; puis cette première indication faite, on repoussa la matière au milieu et de chaque côté des feuilles; ceci se fait en appliquant la plaque sur un ciment mou et en frappant de l'intérieur à l'extérieur.

A partir de ce moment le procédé du repoussé est abandonné, l'épaisseur du métal étant trop considérable pour exercer l'action convenable, et le travail est continué au ciseau et au grattoir. Les artisans de cette époque, tout en ne possédant pas la lime telle que nous la connaissons, avaient certainement un système de grattoirs qui leur permettaient de travailler avec sûreté. C'est ainsi que les deux côtés des feuilles ont été légèrement creusés, laissant leur nervure du milieu en relief, ce qui est contredit par l'aspect intérieur. Le compas d'épaisseur indique d'ailleurs que chaque partie creusée des feuilles est moitié moins épaisse que le milieu, ce qui nous prouve qu'une partie du métal a été coupée pour indiquer l'incurvation.

Les motifs, que nous nommerons olives malgré leur extrémité pointue, ont été faits et appliqués à part; le raccord est visible. A ce propos, on remarquera que l'on ne voit pas, comme à l'ordinaire, un petit trou destiné à permettre à l'air chaud, emprisonné, de faire un pétard au moment de la soudure. Cela provient de ce que ces olives sont certainement très massives et par conséquent s'appliquent sur la panse en ne laissant pas, ou très peu, d'air entre ces deux parties. Le trou aurait été une précaution inutile; on peut admettre aussi que les trous ont été effacés par un martelage.

Époque ptolémaïque.

Bibl. : Mêmes références que pour le n° 53267.

53277. Coupe. — Argent. — Diam. 0 m. 165 mill., haut. 0 m. 033 mill.; poids 640 grammes. — Trouvée à Tell Tmaï (Thmouis) par É. Brugsch, 1871 (pl. CIX et CXII).

Une coupe très plate. Sa construction est semblable aux précédentes, c'est-à-dire : le fond, la coupe proprement dite et un bord rapporté. L'épaisseur du bord est de 0 m. 003 mill. 1/2; celle du fond est de 0 m. 002 mill. 1/2.

Sur ces épaisseurs robustes il ne fallait pas songer à faire un décor au repoussé. Le décor est du même parti que la plupart des précédents, c'est-à-dire une rosace centrale et des feuilles lancéolées venant rejoindre le bord de la coupe. Mais il y a une variante : les feuilles sont au nombre de vingt-huit, dont quatorze seulement sont entières et les quatorze autres viennent se loger en entre-deux; leurs pointes encadrent des olives, si l'on accepte ce mot pour désigner les motifs que nous avons sous les yeux.

La rosace centrale et les feuilles ont été exécutées *en coupant :* c'est la ciselure au champlevé, expression qui a été étendue, car il ne s'agit pas seulement de cas où l'on enlève *le champ*, mais de partout où l'on opère en enlevant de la matière au lieu de la déplacer. C'est la ressource naturelle quand on est en présence d'un métal de grande épaisseur.

Époque ptolémaïque.

Bibl. : *Catalogue Mariette*, 1876, p. 192, n° 482; *Catalogue Grébaut*, 1892, p. 127; *Catalogue Maspero*, 1883, p. 120; *Catalogue Maspero*, 1895, n° 922; Mariette, *Album du Musée du Boulaq*, 1871, pl. XXII; Wallis, *Egyptian Ceramic Art*, p. 70, fig. 155; Lenormant, *Premières civilisations*, VIII, p. 250; *Catalogue général des Antiquités égyptiennes du Musée du Caire :* von Bissing, *Metallgefässe*, p. 73 et Tafel III; É. Vernier, *La bijouterie et la joaillerie égyptiennes*, p. 114.

53278. Breloque. — Or et pierres. — Larg. 0 m. 017 mill., haut. 0 m. 011 mill. — Trouvée à Saqqarah (pl. CI).

Une breloque en forme de collier. Elle est construite pour recevoir un décor de pierres dont il ne reste que des traces.

Sur une plaque ayant la forme du collier aux bouts retombants, cinq cloisons d'or forment quatre rangs que garnissaient des pierres. Aux sommets de la courbe du collier, deux cloisons circulaires, vides, indiquent qu'une pierre, sans doute en forme de perle plate, séparait le corps du collier des deux extrémités retombantes, qui n'ont plus qu'un rang pour recevoir le décor de pierre.

Au revers tout uni, deux anneaux plats, horizontaux, sont placés sur les parties supérieures.

Bibl. : *Journal d'entrée du Musée*, n° 34518.

53279. Breloque (uræus ailé). — Or. — Larg. 0 m. 019 mill., haut. 0 m. 010 mill. — Trouvée à Saqqarah, mars 1903 (pl. CI).

Un petit uræus ailé. La tête, de face, fait une saillie assez importante; la queue fait une boucle qui vient se replier sur la partie inférieure.

Les ailes sont déployées.

Deux anneaux plats sont soudés aux extrémités des ailes.

Les indications gravées sur l'animal et sur les ailes sont d'une exécution ravissante qui a été déjà signalée par M. Barsanti et par M. Maspero : c'est la perfection.

Bibl. : *Journal d'entrée du Musée*, n° 35937.

53280. Breloque. — Or. — Larg. 0 m. 008 mill., haut. 0 m. 005 mill. — Trouvée à Saqqarah (pl. CI).

Un *aker*. Breloque qui se compose de deux lions accolés de façon que les deux côtés présentent un avant-corps au repos, les pattes de devant reposant sur une petite plinthe. L'objet a l'aspect d'un cachet minuscule. Sur le milieu de la composition, un anneau est posé en travers.

Bibl. : *Journal d'entrée du Musée*, n° 34531; Barsanti, *Annales du Service des Antiquités*, I, p. 271.

53281. Breloque. — Or. — Larg. 0 m. 013 mill. 1/2, haut. 0 m. 007 mill. 1/2. — Trouvée à Saqqarah (pl. CI).

Une petite âme ailée à tête humaine et à corps d'uræus. Deux anneaux sont aux extrémités des ailes. L'extrémité de la queue de l'uræus est brisée.

Le travail est aussi parfait que celui des numéros précédents.

Bibl. : *Journal d'entrée du Musée*, n° 35943.

53282. Breloque (scarabée ailé). — Or. — Larg. 0 m. 014 mill., haut. 0 m. 005 mill. — Trouvée à Saqqarah (pl. CI).

Un scarabée ailé. L'état du bijou est bon et son exécution remarquable. Les pattes du scarabée, construites en fils isolés, se trouvent maintenant repliées sous l'animal.

Bibl. : *Journal d'entrée du Musée*, n° 35940.

53283. Breloque *oudja*. — Or. — Larg. 0 m. 006 mill., haut. (anneau compris) 0 m. 006 mill. — Trouvée à Saqqarah (pl. CI, groupe n° 1).

Un *oudja* d'un travail très simple. Les indications sont gravées au trait des deux côtés.

Bibl. : *Journal d'entrée du Musée*, n° 34534.

53284. Breloque (âme, uræus ailé à tête humaine). — Or. — Larg. 0 m. 011 mill., haut. (sans la queue) 0 m. 006 mill. 1/2. — Trouvée à Saqqarah (pl. CI, groupe n° 1).

Uræus ailé à tête humaine. Les ailes sont déployées; à leur extrémité elles sont munies d'un anneau de suspension. La queue de l'uræus se prolonge et se replie sur elle-même : c'est un fil très fin.

Sauf la tête humaine, légèrement modelée, le décor est fait de traits gravés.

53285. Breloque. — Or. — Haut. 0 m. 009 mill., larg. 0 m. 005 mill. — Trouvée à Saqqarah (pl. CI, groupe n° 1).

Un signe *sma* en or. Il est décoré aux traits, gravés en travers, qui ne sont pas d'un effet heureux. C'est la première fois qu'une faute de goût peut être signalée et pour une chose peu importante.

L'anneau de suspension, un anneau plat, est au sommet du signe. A la base, une petite plaquette rectangulaire permet de mettre l'objet debout.

Bibl. : *Journal d'entrée du Musée*, n° 34503; Barsanti, *Annales du Service des Antiquités*, I, p. 270.

53286. Breloque. — Or. — Haut. 0 m. 014 mill., diamètre maximum 0 m. 004 mill. — Trouvée à Saqqarah (pl. CI, groupe n° 2).

Une petite breloque, signe *ouadj*. Elle est construite en or mince. Le corps est un tube conique. L'épanouissement en fleur de lotus est fait de deux feuilles d'or : la fleur et la petite plaque qui la ferme. C'est sur cette dernière plaque qu'est soudé un anneau plat de suspension.

Bibl. : *Journal d'entrée du Musée*, n° 34500; Barsanti, *Annales du Service des Antiquités*, I, p. 270.

53287. Breloque (un petit naos). — Or. — Haut. 0 m. 007 mill. 1/2, larg. 0 m. 005 mill. 1/2. — Trouvée à Saqqarah (pl. CI, groupe n° 2).

Un petit naos semblable à ceux déjà décrits. Le revers est complètement plat.

Un anneau de suspension est au milieu du haut du naos.

Bibl. : *Journal d'entrée du Musée*, n° 34508; Barsanti, *Annales du Service des Antiquités*, I, p. 270.

53288. Breloque. — Or. — Haut. 0 m. 012 mill. — Trouvée à Saqqarah (pl. CI, groupe n° 2).

Un signe *ouser* (bâton terminé par une tête de chacal). C'est un tube fermé sur lequel est soudée la tête de chacal, laquelle est elle-même construite en plusieurs morceaux.

Derrière la tête, à la hauteur des oreilles, se trouve l'anneau de suspension.

Bibl. : *Journal d'entrée du Musée*, n° 34501; Barsanti, *Annales du Service des Antiquités*, I, p. 270.

53289. Breloque. — Or. — Trouvée à Saqqarah (pl. CI, groupe n° 3).

Un petit naos en tout semblable à celui qui a été décrit au n° 53236.

Bibl. : *Journal d'entrée du Musée*, n° 34508; Barsanti, *Annales du Service des Antiquités*, I, p. 270.

53290. Pendeloque. — Or. — Haut. (anneau compris) o m. 009 mill. 1/2. — Trouvée à Saqqarah (pl. CI, groupe n° 3).

Un *dad* ☥ construit en or, les deux faces rapportées et assemblées, le haut et le bas fermés d'une petite plaquette; celle du haut est complétée par l'anneau de suspension.

Bibl. : *Journal d'entrée du Musée*, n° 34504; Barsanti, *Annales du Service des Antiquités*, I, p. 270.

53291. Breloque (vautour). — Or. — Haut. o m. 008 mill. 1/2. — Trouvée à Saqqarah (pl. CI, groupe n° 3).

Un petit vautour en ronde bosse, construit en plusieurs parties. L'anneau de suspension est soudé sur le dos, près du cou.

L'oiseau porte sur une plinthe, qui est un rectangle d'or mince.

Bibl. : *Journal d'entrée du Musée*, n° 34532; Barsanti, *Annales du Service des Antiquités*, I, p. 271.

53292. Pendeloque (vautour). — Or. — Haut. o m. 007 mill. 1/2. — Trouvée à Saqqarah (pl. CI, groupe n° 4).

Un petit vautour en tout semblable au précédent, quoique un peu plus petit.

Bibl. : *Journal d'entrée du Musée*, n° 34519.

53293. Pendeloque. — Or. — Long. o m. 010 mill. 1/2. — Trouvée à Saqqarah (pl. CI, groupe n° 4).

Une tête de serpent à l'extrémité d'une portion de tube terminé, à l'extrémité opposée à la tête, par l'anneau de suspension.

Bibl. : *Journal d'entrée du Musée*, n° 34507; Barsanti, *Annales du Service des Antiquités*, I, p. 271.

53294. Pendeloque. — Or. — Haut. o m. 015 mill. — Trouvée à Saqqarah (pl. CI, groupe n° 4).

Un bâton ayant à sa partie supérieure un anneau de suspension. Vers le milieu est un anneau qui fait un relief assez sérieux. Il est strié sur l'épaisseur.

Bibl. : *Journal d'entrée du Musée*, n° 34512.

53295. Breloque. — Or. — Haut. 0 m. 011 mill. — Trouvée à Saqqarah (pl. CI, groupe n° 4).

Un uræus d'or dont la queue est considérablement repliée. La mesure ci-dessus est le maximum de hauteur *dans l'état actuel*. Derrière le cou on voit l'anneau de suspension.

BIBL. : *Journal d'entrée du Musée*, n° 34502; BARSANTI, *Annales du Service des Antiquités*, I, p. 270.

53296. Pendeloque. — Or. — Haut. 0 m. 006 mill. 1/2, larg. 0 m. 008 mill. — Trouvée à Saqqarah (pl. CI, groupe n° 5).

Un groupe formé des signes [hiéroglyphes]. Ils ont été faits au repoussé dans une plaque d'or mince, puis doublés d'une plaque unie qui masque au revers les cavités.

Au revers, c'est le *dad* qui, dans sa partie supérieure, possède l'anneau de suspension.

BIBL. : *Journal d'entrée du Musée*, n° 34498; BARSANTI, *Annales du Service des Antiquités*, I, p. 270.

53297. Pendeloque. — Or. — Haut. 0 m. 011 mill., larg. 0 m. 013 mill. 1/2. — Trouvée à Saqqarah (pl. CI, groupe n° 5).

Un uræus ailé à tête humaine. Semblable à la pendeloque n° 53284, mais ici la queue est repliée.

Les anneaux de suspension ne sont pas non plus aussi près des pointes des ailes.

BIBL. : *Journal d'entrée du Musée*, n° 34490.

53298. Pendeloque. — Or. — Trouvée à Saqqarah (pl. CI, groupe n° 5).

Un *oudja* en tout semblable au n° 53283.

BIBL. : *Journal d'entrée du Musée*, n° 34509.

53299. Pendeloque. — Or (pl. CI, groupe n° 6).

Une pendeloque en tout semblable à celle qui a été décrite au n° 53288.

BIBL. : *Journal d'entrée du Musée*, n° 34501.

53300. Pendeloque. — Or (pl. CI, groupe n° 6).

Un petit naos en tout semblable au n° 53287.

BIBL. : *Journal d'entrée du Musée*, n° 34508.

53301. Pendeloque. — Or. — Haut. 0 m. 017 mill. 1/2. — Trouvée à Saqqarah (pl. CI, groupe n° 6).

Un uræus dressé sur un *ouadj* 𓇅. Sa queue se prolonge et vient faire quatre fois le tour du signe.

La construction est simple : l'uræus est taillé dans une plaque d'or, laquelle est renforcée à la tête; il est ensuite prolongé à la queue par un simple fil.

L'anneau de suspension se loge dans le renflement du corps de l'uræus.

Bibl. : *Journal d'entrée du Musée*, n° 34485; Barsanti, *Annales du Service des Antiquités*, I, p. 270.

53302. Pendeloque. — Or. — Trouvée à Saqqarah (pl. CI, groupe n° 7).

Un vautour semblable au n° 53292.

Bibl. : *Journal d'entrée du Musée*, n° 34486.

53303. Pendeloque. — Or. — Haut. 0 m. 007 mill. 1/2, larg. 0 m. 004 mill. — Trouvée à Saqqarah (pl. CI, groupe n° 7).

Une pendeloque, boucle de ceinture. Elle est d'une extrême simplicité, faite de deux plaques accolées et munies d'un anneau de suspension à la partie supérieure, jouant ainsi son rôle dans la silhouette générale.

Bibl. : *Journal d'entrée du Musée*, n° 34524; Barsanti, *Annales du Service des Antiquités*, I, p. 271.

53304. Pendeloque. — Or (pl. CI, groupe n° 7).

Un petit naos en tout semblable au n° 53289.

Bibl. : *Journal d'entrée du Musée*, n° 34508.

53305. Pendeloque. — Or. — Long. 0 m. 011 mill. — Trouvée à Saqqarah (pl. CI, groupe n° 8).

Un uræus. Il est gauchi, la queue a été cassée.

L'anneau de suspension est placé horizontalement.

53306. Pendeloque. — Or. — Haut. (anneau compris) 0 m. 015 mill. — Trouvée à Saqqarah (pl. CI, groupe n° 8).

Une pendeloque qualifiée «tige à vis» par Barsanti. Elle a, en effet, une apparence qui justifie ce nom, bien que les stries qui la couvrent soient parallèles.

Bibl. : *Journal d'entrée du Musée*, n° 34505; Barsanti, *Annales du Service des Antiquités*, I, p. 270.

53307. Pendeloque. — Or. — Trouvée à Saqqarah (pl. CI, groupe n° 8).

Une pendeloque tête de serpent, appariée avec le n° 53293.

BIBL. : *Journal d'entrée du Musée*, n° 34507.

53308. Pendeloque. — Or. — Haut. o m. 008 mill. 1/2, longueur de la plinthe o m. 007 mill. — Trouvée à Saqqarah (pl. CI, groupe n° 8).

Un épervier à tête humaine. Il est construit en ronde bosse, les différentes parties rapportées et soudées. L'anneau de suspension est à la place habituelle, derrière, un peu au-dessous du cou.

53309. Pendeloque (?). — Or. — Plus grande hauteur o m. 020 mill. — Trouvée à Saqqarah.

Un petit palmier en mauvais état, ce qui se comprend aisément en voyant la fragilité extrême de ce bijou. Il est incomplet : une partie des feuilles est détruite; la base également a disparu. Il n'y a donc pas de motif de suspension, ce qui justifie la forme dubitative adoptée pour le présenter; mais nous sommes en présence d'objets qui, tout en ayant l'apparence de bijoux usuels, n'ont pas été nécessairement conçus pour être portés.

Le corps est une portion de tube construit en or mince et sur lequel on a fait des indications simulant l'aspect du tronc de palmier; de ce tube sortent de petites bandes d'or, striées par le graveur à l'imitation de la feuille du palmier. Il n'y a, actuellement, que cinq de ces feuilles qui soient à leur place, plusieurs petites bandes semblables sont brisées au sortir du tube. Trois fils accompagnent les feuilles; ils portent à leurs extrémités chacun trois graines.

Ce travail, bien que très habile, est vraiment un peu enfantin, et dans l'ensemble de la trouvaille paraît bien la chose inférieure.

BIBL. : *Journal d'entrée du Musée*, n° 34496; BARSANTI, *Annales du Service des Antiquités*, I, p. 270.

53310. Pendeloque. — Or. — Long. o m. 015 mill., plus grande largeur o m. 006 mill. 1/2; poids 2 gr. 90. — Trouvée à Saqqarah.

Une petite barque *henou* du dieu Sokar où, malgré des dimensions lilliputiennes, le bijoutier a entrepris de nous montrer un appareil des plus compliqués.

La barque repose sur le support qui la maintient en équilibre.

L'embarcation a la forme habituelle. La proue, surélevée, est ornée de chaque côté de stries en forme de rames; elle se termine par une tête d'antilope tournée vers l'intérieur de la barque, alors qu'une autre tête (de bélier?) est à l'avant à l'extérieur.

Un faucon est sur un petit naos, et sept faucons occupent l'intérieur de la barque. L'exécution du tout est extrêmement précieuse et d'une belle tenue. Un angle de la poupe manque.

L'anneau de suspension est à l'avant de la plinthe.

Bibl. : *Journal d'entrée du Musée*, n° 34477; Barsanti, *Annales du Service des Antiquités*, I, p. 270.

53311. Pendeloque. — Or. — Haut. 0 m. 010 mill., longueur de la plinthe 0 m. 007 mill. 1/2; poids 1 gr. 60. — Trouvée à Saqqarah.

Une pendeloque figurant un chat assis, ronde bosse. Il repose sur une plinthe, qui est une petite plaque d'or rectangulaire.

L'anneau de suspension est fixé entre les deux épaules.

Bibl. : *Journal d'entrée du Musée*, n° 35951.

53312. Pendeloque. — Or. — Haut. 0 m. 006 mill. 1/2, larg. 0 m. 007 mill.; poids 1 gr. 20. — Trouvée à Saqqarah.

Une tête de bélier. Elle est construite en or et le dessous est fermé par une plaque mince. Les détails ont été rapportés : cornes, oreilles, ainsi que l'anneau de suspension qui est soudé à la rencontre des deux cornes.

Bibl. : *Journal d'entrée du Musée*, n° 34497.

53313. Pendeloque. — Or. — Haut. 0 m. 007 mill. 1/2; poids 0 gr. 70. — Trouvée à Saqqarah.

Un petit épervier à tête de bélier. Il est en ronde bosse. Les pattes, les cornes, les oreilles et l'anneau de suspension (qui est entre la naissance des ailes), ainsi que la plinthe, sont rapportés.

Bibl. : *Journal d'entrée du Musée*, n° 34499; Barsanti, *Annales du Service des Antiquités*, I, p. 270.

53314. Pendeloque. — Or. — Haut. 0 m. 008 mill., larg. 0 m. 004 mill. 1/2; poids 1 gr. 95. — Trouvée à Saqqarah.

La déesse Isis assise tient sur ses genoux l'enfant Horus auquel elle présente le sein. Le groupe est en ronde bosse.

Le bijou est construit en morceaux assez nombreux. Les bras d'Isis, l'enfant, la coiffure d'Isis, le siège, la plinthe et l'anneau de suspension sont rapportés, ce qui indique des qualités professionnelles des plus remarquables.

L'anneau de suspension est placé derrière la figure, entre les deux épaules.

Bibl. : *Journal d'entrée du Musée*, n° 34481; Barsanti, *Annales du Service des Antiquités*, I, p. 270.

53315. Pendeloque. — Or. — Haut. 0 m. 006 mill. 1/2, larg. 0 m. 003 mill.; poids 0 gr. 60. — Trouvée à Saqqarah.

Un petit faucon à tête humaine. Il est entier, en ronde bosse, posé sur une plinthe. Les différentes parties, pattes, anneau de suspension, plinthe, sont rapportées.

L'anneau est entre la naissance des ailes.

Bibl. : *Journal d'entrée du Musée*, n° 34486.

53316. Pendeloque. — Or. — Haut. 0 m. 007 mill. 1/2, larg. 0 m. 003 mill. 1/2; poids 0 gr. 90. — Trouvée à Saqqarah.

Un vautour en ronde bosse repose sur une plinthe. La tête, les pattes, la plinthe et l'anneau de suspension sont rapportés.

Comme pour tous ces bijoux, les indications ciselées sont faites avec une grande habileté.

Bibl. : *Journal d'entrée du Musée*, n° 34486.

53317. Pendeloque. — Or et pierre. — Haut. 0 m. 012 mill., larg. 0 m. 004 mill.; poids 1 gr. 50. — Trouvée à Saqqarah.

La déesse Neith accroupie, coiffée de la couronne de la Basse-Égypte. Cette figure repose sur une plinthe en forme de boîte ouverte en dessous et qui contient une pierre dure non polie (agate rubanée) ayant la forme de l'hiéroglyphe du nom de la déesse.

Bibl. : *Journal d'entrée du Musée*, n° 35959.

53318. Pendeloque. — Or. — Haut. 0 m. 007 mill. 1/2, largeur à la plinthe 0 m. 003 mill.; poids 0 gr. 60. — Trouvée à Saqqarah.

Un épervier debout en ronde bosse. Il repose sur une plinthe faite d'une plaquette d'or. Plinthe, pattes et anneau de suspension sont rapportés.

Bibl. : *Journal d'entrée du Musée*, n° 35939.

53319. Chevet. — Hématite. — Long. 0 m. 022 mill., larg. 0 m. 008 mill., haut. 0 m. 012 mill. — Trouvé à Saqqarah (pl. XCII, première figure de la ligne verticale médiane).

Un chevet d'hématite. Il est uni et sans ornement.

Bibl. : *Journal d'entrée du Musée*, n° 35979; Barsanti, *Annales du Service des Antiquités*, I, p. 234.

53320. Pendeloque (uræus et vautour accolés). — Or. — Larg. 0 m. 020 mill. 1/2, haut. 0 m. 008 mill.; poids 1 gr. 30. — Trouvée à Saqqarah (pl. XCII, deuxième figure de la ligne verticale médiane).

Un uræus et un vautour sont accolés de très près. L'uræus est à gauche de l'observateur. Les deux figures ont une aile éployée, et c'est l'envergure totale qui a 0 m. 020 mill. 1/2.

La queue de l'uræus est repliée en plusieurs anneaux derrière le groupe. Il y a deux anneaux de suspension, qui sont à l'extrémité des ailes.

Le travail est délicat.

Bibl. : *Journal d'entrée du Musée*, n° 35945.

53321. Breloque (fragment). — Obsidienne (pl. XCII, troisième figure de la ligne verticale médiane).

Un fragment : l'anneau supérieur d'un *ânkh*. L'anneau n'est pas évidé; il est percé d'un trou transversal.

53322. Breloque. — Or et pierres. — Larg. 0 m. 016 mill., haut. 0 m. 018 mill.; poids 1 gramme. — Trouvée à Saqqarah (pl. XCII, quatrième figure de la ligne verticale médiane).

Un collier du type «large», décoré de huit rangs de cloisons; un certain nombre de celles-ci sont encore occupées par des pierres, mais, à part un peu d'amazonite, il est impossible de les nommer actuellement.

Les rangs viennent s'arrêter près des extrémités du collier sur des cloisons horizontales, et enfin les dernières cloisons sont des triangles curvilignes.

Au revers, le bijou est plat et uni.

L'or employé est très mince. Les anneaux de suspension, au nombre de deux, sont fixés de chaque côté du collier près des extrémités.

Bibl. : *Journal d'entrée du Musée*, n° 35929.

53323. Applique. — Or. — Larg. 0 m. 041 mill. 1/2, haut. 0 m. 024 mill.; poids 0 gr. 70. — Trouvée à Saqqarah (pl. XCII, cinquième figure de la ligne verticale médiane).

Un vautour en or très mince, découpé sans un soin particulier. Il a les serres écartées et tient dans chacune le sceau. La tête est rapportée grossièrement. Sur l'ensemble de la silhouette, une inscription grossièrement faite du chapitre LVII du *Livre des Morts*.

Au revers est une petite lame d'or, placée sous la tête du vautour; elle peut être roulée en anneaux pour être fixée.

Bibl. : *Journal d'entrée du Musée*, n° 35933.

53324. Scarabée. — Serpentine verte. — Grand diamètre 0 m. 015 mill., petit diamètre 0 m. 011 mill., haut. 0 m. 007 mill. — Trouvé à Saqqarah (pl. XCII, sixième figure de la ligne verticale médiane).

Un scarabée d'un travail parfait. Le plat est uni. La pierre est percée de part en part selon le grand axe entre l'animal et sa base.

Bibl. : *Journal d'entrée du Musée*, n° 35935.

53325. Barque. — Or. — Long. 0 m. 026 mill., larg. 0 m. 004 mill.; poids 1 gramme. — Trouvée à Saqqarah (pl. XCII, septième figure de la ligne verticale médiane).

Une barque *henou* en or; elle est moins précieusement faite que le n° 53310. La construction est d'une légèreté extrême, ce qui a été une difficulté considérable pour l'artisan.

Le faucon est sur un naos au milieu de la barque. La tête d'antilope qui décore l'avant de la barque tient un poisson dans sa bouche.

La barque, à l'avant, a des espèces de jeux de rames à droite et à gauche; à l'arrière, des rames réelles sont au nombre de six, trois de chaque côté.

La barque est sur son support.

De chaque côté, des brides de fils d'or tordus forment comme des anses qui peuvent, rabattues sur le support, assurer la stabilité de l'objet. Cela peut également servir d'anneau de suspension.

Bibl. : *Journal d'entrée du Musée*, n° 35955.

53326. Pendeloque. — Or. — Haut. 0 m. 013 mill. 1/2; poids 0 gr. 36. — Trouvée à Saqqarah (pl. XCII, huitième figure de la ligne verticale médiane).

Un uræus posé sur un *ouadj*. Travail très simple et très bien exécuté.

L'uræus est dressé sur l'*ouadj;* sa queue descend et s'enroule autour de celui-ci.

L'anneau de suspension est sur le cou de l'uræus, dans l'axe de l'*ouadj*.

Bibl. : *Journal d'entrée du Musée*, n° 35952.

53327. Pendeloque. — Or. — Haut. o m. 008 mill., larg. o m. 009 mill.; poids o gr. 25 (pl. XCII, neuvième et dernière figure de la ligne verticale médiane).

Un tout petit collier du type «large». C'est une plaque d'or mince découpée et gravée. La forme est celle des colliers dont le fermoir est fait de deux têtes de faucons. Quatre rangs d'ornements sont simulés par des traits.

Au revers, un anneau posé verticalement est au milieu du bijou.

Bibl. : *Journal d'entrée du Musée*, n° 35964.

53328 à 53333. Pendeloques (six *oudjas*). — Pierre(?). — Long. o m. 006 mill. (pl. XCII : deux *oudjas* de chaque côté du chevet qui est au milieu du rang supérieur, deux autres dans le groupe C à gauche, et deux autres dans le groupe E à droite).

Six *oudjas* de pierre. Ils sont d'une dimension extrêmement réduite : leur épaisseur est de o m. 002 mill. 1/2. Ils sont présentés trois de droite et trois de gauche, mais ils sont gravés des deux côtés simplement aux traits.

Ils sont perforés horizontalement.

Bibl. : *Journal d'entrée du Musée*, n°s 34510[1] et 34523[3]; Barsanti, *Annales du Service des Antiquités*, I, p. 270.

53334-53335. Pendeloques (deux *oudjas*). — Pierre(?). — Long. o m. 009 mill. et o m. 008 mill., épaiss. o m. 003 mill. 1/2. — Trouvées à Saqqarah (pl. XCII, extrémités de la ligne supérieure AB).

Deux *oudjas* de pierre. Les indications sont aux traits. Ils sont gravés des deux côtés et perforés horizontalement.

Bibl. : *Journal d'entrée du Musée*, n° 35989.

53336-53337. Deux pendeloques. — Cornaline. — Long. o m. 013 mill., épaiss. o m. 004 mill. — Trouvées à Saqqarah (pl. XCII, deuxième ligne, à droite et à gauche de la ligne médiane [uræus et vautour]).

Deux *oudjas* de cornaline. Ils sont gravés des deux côtés aux traits simples. Ils sont perforés horizontalement.

Bibl. : *Journal d'entrée du Musée*, n° 35989.

53338-53338 *bis* et 53339-53339 *bis*. Breloques (quatre *oudjas*). — Pierres. — Longueurs : deux de 0 m. 010 mill. et deux de 0 m. 008 mill., épaisseurs : deux de 0 m. 003 mill. et deux de 0 m. 002 mill. 1/2.

Deux de ces *oudjas*, un grand et un petit, sont en rouge antique (ils sont dans le groupe C de la planche XCII); les deux autres sont d'une pierre difficile à définir, ressemblant à la pierre lithographique (groupe E). Ils sont, comme tous les autres vus précédemment, gravés des deux côtés et perforés horizontalement.

Bibl. : *Journal d'entrée du Musée*, n° 35989.

53340-53341. Deux pendeloques. — Jaspe rouge antique. — Haut. 0 m. 022 mill., larg. 0 m. 010 mill. (pl. XCII, extrémités de la deuxième ligne, sous les lettres A et B).

Deux boucles de ceinture en jaspe rouge antique. L'une, celle de droite (sous la lettre B), porte son anneau de suspension à son sommet; cet anneau est pris dans la matière de la boucle. L'autre (sous la lettre A) a son anneau derrière, ce qui le grandit de toute la dimension de l'anneau de l'autre; ce second anneau est pris également dans la matière de l'objet.

Bibl. : *Journal d'entrée du Musée*, n° 35994.

53342. Pendeloque. — Céramique. — Haut. 0 m. 017 mill. 1/2, larg. 0 m. 006 mill. 1/2, épaiss. 0 m. 003 mill. 1/2 (pl. XCII, groupe C).

Un *dad* de céramique noirâtre. L'anneau de suspension est au sommet; il est strié. Le revers est uni.

Bibl. : *Journal d'entrée du Musée*, n° 35991.

53343. Pendeloque. — Cornaline. — Long. 0 m. 020 mill. (pl. XCII, groupe C).

Une tige de cornaline dont une extrémité est taillée en forme de tête de serpent. La partie opposée à la tête est taillée de façon à présenter une portion de disque qui a été perforée pour permettre la suspension.

Bibl. : *Journal d'entrée du Musée*, n° 36008.

53344. Pendeloque. — Céramique. — Long. 0 m. 010 mill., larg. 0 m. 007 mill., épaiss. 0 m. 006 mill. — Trouvée à Saqqarah (pl. XCII, partie inférieure du groupe C).

Un scarabée de céramique; il est d'une exécution médiocre. Sur la partie habituellement plate est un anneau pris dans la matière et perforé dans le sens de la largeur.

Bibl. : *Journal d'entrée du Musée*, n° 36003.

53345. Pendeloque. — Lapis(?). — Haut. o m. 017 mill., larg. o m. 006 mill. — Trouvée à Saqqarah (pl. XCII, groupe C).

Une figure assise; elle a une tête de vautour (Nekhabit).

La matière est laide, une sorte de croûte de lapis. L'anneau de suspension, pris dans la matière, est à l'arrière, à la hauteur du cou.

Bibl. : *Journal d'entrée du Musée*, n° 36004.

53346. Pendeloque. — Lapis. — Haut. o m. 017 mill., larg. o m. 006 mill. 1/2 (pl. XCII, groupe C).

Une figure assise; elle a une tête d'épervier (Horus). L'anneau de suspension, pris dans la matière même, est placé à la hauteur de la poitrine.

Bibl. : *Journal d'entrée du Musée*, n° 36004.

53347. Pendeloque. — Lapis(?). — Haut. o m. 019 mill. 1/2, larg. o m. 007 mill., épaiss. o m. 003 mill. — Trouvée à Saqqarah (pl. XCII, groupe E).

Un *dad* 𓊽 en une matière douteuse (croûte de lapis?). Une branche du haut est brisée.

L'anneau de suspension, pris dans la matière, est au sommet.

Bibl. : *Journal d'entrée du Musée*, n° 35990.

53348. Pendeloque. — Pierre. — Haut. o m. 012 mill. 1/2, larg. o m. 009 mill. — Trouvée à Saqqarah (pl. XCII, groupe E).

Un cœur en pierre noirâtre(?). Il est en ronde bosse. L'anneau de suspension est pris dans la matière; il est dans le sens de la largeur du cœur.

Bibl. : *Journal d'entrée du Musée*, n° 35996.

53349. Pendeloque. — Lapis. — Haut. o m. 012 mill., larg. o m. 011 mill. 1/2 (pl. XCII, extrémité inférieure du groupe E).

Un faucon en lapis; il est debout. L'espace entre les pattes et la queue n'est pas dégagé. Il est posé sur une plinthe qui supporte le tout.

L'anneau de suspension, pris dans la matière même, est placé sur le dos.

L'objet est exécuté avec goût, l'effet en est remarquable.

Bibl. : *Journal d'entrée du Musée*, n° 36001.

53350. Pendeloque. — Céramique. — Haut. 0 m. 018 mill. 1/2, larg. 0 m. 007 mill. — Trouvée à Saqqarah (pl. XCII, au bas du groupe E).

Dieu Thot à tête d'ibis; céramique verdâtre.

La partie arrière est un plan uni et l'anneau de suspension est remplacé par un trou pratiqué près de la ligne des épaules et s'engageant légèrement sur les bras.

Bibl. : *Journal d'entrée du Musée*, n° 36006.

53351. Pendeloque. — Pierre (?). — Haut. 0 m. 018 mill., larg. 0 m. 007 mill. (pl. XCII, bas du groupe E).

Statuette funéraire portant inscrit le nom Heka-m-saf, .

Elle est en une pierre peu résistante d'une couleur brune et d'ailleurs altérée; le *Journal* dit «bois». Un anneau, pris dans la matière même, est au dos entre les deux épaules.

Bibl. : *Journal d'entrée du Musée*, n° 36007.

53352. Pendeloque. — Serpentine verte. — Haut. 0 m. 022 mill., largeur maximum 0 m. 009 mill. (pl. XCII, sur la ligne supérieure AB, côté A).

Un *ouadj* en serpentine verdâtre. L'anneau de suspension, pris dans la matière, est placé à la partie supérieure.

Bibl. : *Journal d'entrée du Musée*, n° 34690.

53353. Pendeloque. — Serpentine. — Haut. 0 m. 026 mill. 1/2, largeur maximum 0 m. 008 mill. (pl. XCII, sur la ligne supérieure AB, côté B).

Un *ouadj* en serpentine verdâtre. L'anneau de suspension, pris dans la matière, est à la partie supérieure.

L'angle saillant de la partie lotiforme supérieure est ébréché en un point.

Bibl. : *Journal d'entrée du Musée*, n° 34690.

53354-53355. Deux pendeloques. — Or. — Haut. 0 m. 009 mill., larg. 0 m. 004 mill.; poids 0 gr. 40. — Trouvées à Saqqarah (pl. XCII, troisième ligne, côtés A et B).

Deux signes *âper* en or. Les détails sont faits aux traits des deux côtés.

L'anneau de suspension est placé au départ des petites languettes en saillie.

BIBL. : *Journal d'entrée du Musée*, n° 35970.

53356. Breloque. — Pierre. — Haut. 0 m. 010 mill., larg. 0 m. 007 mill., épaiss. 0 m. 004 mill. 1/2 (pl. XCII, troisième ligne, côté A).

Un scarabée en basalte. Il est très convenablement travaillé. L'objet est percé d'un trou qui passe par le grand axe du scarabée.

53357. Pendeloque. — Pierre. — Long. 0 m. 009 mill. 1/2, larg. 0 m. 007 mill., épaiss. 0 m. 004 mill. — Trouvée à Saqqarah (pl. XCII, troisième ligne, côté B).

Un scarabée en pierre jaune tendre.
Il a une bonne forme. Son plat est uni. Il est perforé dans le sens de son grand axe.

53358. Breloque. — Or. — Grandeur maximum 0 m. 010 mill. — Trouvée à Saqqarah (pl. XCII, première figure, après la boucle d'Isis, de la ligne biaise AD).

Une petite pendeloque en forme de croix de Saint-André. Les deux branches, dont la section est carrée, ont 0 m. 001 mill. de largeur. Au point de croisement un anneau plat est soudé.

BIBL. : *Journal d'entrée du Musée*, n° 34533.

53359-53360. Deux pendeloques. — Or. — Larg. 0 m. 005 mill. 1/2 chacune; poids 0 gr. 30 chacune. — Trouvées à Saqqarah, mars 1903 (pl. XCII, à droite et à gauche de la ligne médiane, avant-dernier rang).

Deux petits *oudjas* en or. Ils ont les indications gravées des deux côtés.
Au-dessus de l'œil, chacun a un petit anneau plat soudé.

BIBL. : *Journal d'entrée du Musée*, n° 35973.

53361-53362. Deux pendeloques. — Or. — Haut. 0 m. 012 mill. 1/2 chacune; poids 0 gr. 35 chacune (pl. XCII, à droite et à gauche de la ligne médiane, de chaque côté de la barque).

Deux *ouadj* 𓇅 unis. Ils portent des anneaux plats sur leur partie lotiforme.
Ils sont recouverts du vernis rouge que l'on rencontre fréquemment.

BIBL. : *Journal d'entrée du Musée*, n° 35953.

53363-53364. Deux breloques. — Or. — Haut. 0 m. 017 mill. chacune, larg. 0 m. 016 mill. 1/2 chacune; poids 1 gr. 60 chacune. — Trouvées à Saqqarah (pl. XCII, de chaque côté de la ligne médiane).

Deux breloques composées de deux petites bâtes elliptiques debout; sans doute elles sertissaient des scarabées aujourd'hui manquants.

Ces bâtes sont posées sur deux socles composés d'une petite pierre plate rouge antique; elles sont surmontées de l'*atef* . A droite et à gauche de chacune est un cynocéphale qui supporte la composition.

Le bijou du côté A a son *atef* détaché, mais existant.

Les anneaux de suspension, qui étaient derrière les *atef*, ont disparu.

Bibl. : *Journal d'entrée du Musée*, n° 35956.

53365. Pendeloque. — Or. — Haut. 0 m. 011 mill. — Trouvée à Saqqarah (pl. XCII, quatrième rang, côté A).

Un signe *ânkh* en or. Il est brisé : la partie inférieure a disparu. L'anneau de suspension est placé en haut du signe.

Bibl. : *Journal d'entrée du Musée*, n°. 35971 (il est dit : «sceau»).

53366. Pendeloque. — Or. — Larg. 0 m. 007 mill.; poids 0 gr. 30 (pl. XCII, quatrième rang venant de la ligne AB, côté A).

Un très petit collier du type «large». Les indications de quatre rangs sont faites au traçoir.

Le revers est uni; il possède l'anneau de suspension posé verticalement.

Bibl. : *Journal d'entrée du Musée*, n° 35965.

53367. Breloque. — Or. — Haut. 0 m. 006 mill.; poids 0 gr. 30. — Trouvée à Saqqarah (pl. XCII, quatrième rang compté de la ligne AB, ligne voisine de la ligne médiane, côté B).

Un très petit chat. Il est en ronde bosse.

Il est assis sur une petite plinthe dont l'épaisseur est creusée d'un petit caniveau.

L'anneau de suspension est soudé sur les épaules.

Bibl. : *Journal d'entrée du Musée*, n° 35951.

53368. Pendeloque. — Or. — Haut. 0 m. 011 mill.; poids 0 gr. 65. — Trouvée à Saqqarah (pl. XCII, quatrième rang en descendant de la ligne AB, et troisième horizontalement de la ligne médiane).

Un signe *ta* [hieroglyph] (boucle d'Isis). Il est en or, travaillé sur les deux faces. L'anneau de suspension est fixé au sommet.

Bibl. : *Journal d'entrée du Musée*, n° 35968.

53369-53370. Deux breloques. — Or. — Long. 0 m. 006 mill.; poids 0 gr. 30. — Trouvées à Saqqarah, mars 1903 (pl. XCII, à droite et à gauche de la ligne médiane, à la hauteur du faucon central n° 53323).

Deux très petits *oudja*. Les indications gravées se voient des deux côtés. L'anneau de suspension est soudé au-dessus de l'œil.

Bibl. : *Journal d'entrée du Musée*, n° 35973.

53371-53372. Deux breloques. — Or. — Haut. 0 m. 007 mill. 1/2 chacune; poids 0 gr. 65 chacune (pl. XCII, à droite et à gauche de la ligne médiane, au niveau du faucon central n° 53323).

Côté B. Un faucon en or à tête humaine, portant la barbe; il est en ronde bosse. L'anneau de suspension est soudé entre les ailes.

Côté A. Un oiseau à tête de bélier, en ronde bosse. L'anneau de suspension est soudé également entre les deux ailes.

Bibl. : *Journal d'entrée du Musée*, n°s 35943-35944.

53373. Pendeloque. — Or. — Larg. 0 m. 016 mill. 1/2, haut. 0 m. 009 mill. 1/2; poids 0 gr. 70 (pl. XCII, deuxième figure de la ligne biaise AD, au-dessous de la croix de Saint-André).

Un uræus ailé. Sa queue repliée permet de le présenter presque debout en lui faisant une base. Les indications sur les ailes sont faites au revers comme à l'endroit. L'anneau de suspension est soudé au dos entre les ailes.

Bibl. : *Journal d'entrée du Musée*, n° 35937.

53374. Pendeloque. — Or. — Larg. 0 m. 016 mill. 1/2; poids 0 gr. 60 (pl. XCII, troisième figure de la ligne biaise AD).

Uræus ailé. Les indications des ailes sont particulièrement bien gravées, à l'arrière comme à l'avant.

La queue, très repliée, permet, comme pour le précédent, de le présenter presque dressé.

L'anneau de suspension est à sa place normale, entre les ailes.

BIBL. : *Journal d'entrée du Musée*, n° 35937.

53375. Pendeloque. — Or. — Haut. 0 m. 008 mill., larg. 0 m. 013 mill.; poids 0 gr. 70. — Trouvée à Saqqarah (pl. XCII, quatrième figure de la ligne biaise AD).

Une petite âme, figure humaine ailée. Le détail de la tête et des ailes est fait avec habileté.

Le revers a été gravé avec le même soin que la face.

L'anneau de suspension a été placé entre les ailes, comme à l'ordinaire.

BIBL. : *Journal d'entrée du Musée*, n° 35936.

53376. Pendeloque. — Or. — Haut. 0 m. 007 mill. 1/2, larg. 0 m. 013 mill.; poids 0 gr. 40. — Trouvée à Saqqarah (pl. XCII, cinquième figure de la ligne biaise AD).

Une petite âme, comme la précédente, travaillée face et revers, et avec l'anneau de suspension entre les ailes.

BIBL. : *Journal d'entrée du Musée*, n° 35936.

53377. Pendeloque. — Or. — Haut. 0 m. 007 mill., larg. 0 m. 012 mill.; poids 0 gr. 40 (pl. XCII, sixième figure de la ligne biaise AD).

Un vautour les ailes éployées. Il est travaillé face et revers. Un anneau de suspension est entre les deux ailes.

BIBL. : *Journal d'entrée du Musée*, n° 35938.

53378. Pendeloque. — Or. — Haut. 0 m. 008 mill., larg. 0 m. 013 mill. 1/2; poids 0 gr. 40. — Trouvée à Saqqarah (pl. XCII, septième figure de la ligne biaise AD).

Un petit vautour, les ailes éployées. Il est travaillé très finement, devant et derrière. Il possède l'anneau de suspension à sa place habituelle.

BIBL. : *Journal d'entrée du Musée*, n° 35938.

53379. **Anneau-cachet.** — Céramique bleue. — Larg. 0 m. 007 mill. — Trouvé à Saqqarah (pl. XCII, huitième et dernière figure de la ligne biaise AD).

Un anneau-cachet en une matière qui ressemble à la fritte agglomérée d'Alexandrie. Il est en mauvais état; un morceau important de l'anneau est brisé.

Bibl. : *Journal d'entrée du Musée*, n° 35995.

53380. **Pendeloque.** — Or. — Haut. 0 m. 009 mill.; poids 0 gr. 40. — Trouvée à Saqqarah (pl. XCII, première figure, après la boucle d'Isis en jaspe rouge antique, de la ligne biaise BD).

Un uræus dont la queue est repliée en plusieurs boucles. Il est gravé sur la face; le dos est uni et possède l'anneau de suspension.

Bibl. : *Journal d'entrée du Musée*, n° 35947.

53381. **Pendeloque.** — Or. — Haut. 0 m. 009 mill., larg. 0 m. 014 mill. 1/2; poids 0 gr. 65 (pl. XCII, deuxième figure de la ligne biaise BD).

Un uræus ailé. Sa queue filiforme se prolonge et se replie. Le bijou est gravé sur la face et sur le revers.

L'anneau de suspension est à sa place habituelle, entre les deux ailes.

Bibl. : *Journal d'entrée du Musée*, n° 35937.

53382. **Pendeloque.** — Or. — Haut. 0 m. 009 mill., larg. 0 m. 014 mill.; poids 0 gr. 70 (pl. XCII, troisième figure de la ligne biaise BD).

Un uræus ailé dont la queue se replie en plusieurs boucles.

Le bijou a été gravé avec soin à l'avant et à l'arrière.

Il a l'anneau de suspension entre les ailes.

53383. **Pendeloque.** — Or. — Haut. 0 m. 010 mill., larg. 0 m. 018 mill.; poids 0 gr. 70 (pl. XCII, quatrième figure de la ligne biaise BD).

Un faucon aux ailes éployées.

Il est gravé assez finement devant et derrière.

L'anneau de suspension est à sa place habituelle.

53384. Pendeloque. — Or. — Haut. 0 m. 008 mill. 1/2, larg. 0 m. 014 mill.; poids 0 gr. 70. — Trouvée à Saqqarah (pl. XCII, cinquième figure de la ligne biaise BD).

Un vautour, les ailes éployées, gravé très finement de face et au revers.
Il possède deux anneaux de suspension, qui sont placés à l'extrémité des ailes.

BIBL. : *Journal d'entrée du Musée*, n° 35938.

53385. Pendeloque. — Or. — Haut. 0 m. 008 mill., larg. 0 m. 012 mill. 1/2; poids 0 gr. 40. — Trouvée à Saqqarah (pl. XCII, sixième figure de la ligne biaise BD).

Un petit vautour, les ailes éployées, finement travaillé de face et au revers.
L'anneau de suspension est à sa place habituelle, entre les ailes.

BIBL. : *Journal d'entrée du Musée*, n° 35938.

53386. Pendeloque. — Or. — Haut. 0 m. 008 mill., larg. 0 m. 013 mill. 1/2; poids 0 gr. 45. — Trouvée à Saqqarah (pl. XCII, septième figure de la ligne biaise BD).

Une petite «âme» oiseau à visage humain, d'une exécution très fine, sur la face et sur le revers.
L'anneau de suspension est placé entre les ailes.

BIBL. : *Journal d'entrée du Musée*, n° 35936.

53387. Pendeloque. — Lapis(?). — Haut. 0 m. 011 mill., larg. 0 m. 004 mill. — Trouvée à Saqqarah (pl. XCII, huitième et dernière figure de la ligne biaise BD).

Un petit *dad* 𓊽, en lapis très altéré. Il est à double face, travaillé sur les deux sens.
L'anneau de suspension existe, mais le trou n'est pas percé.

53388. Pendeloque. — Argent. — Larg. 0 m. 029 mill., haut. 0 m. 011 mill. (pl. CII, première figure de la ligne 6).

Un faucon en argent, dont la matière est très altérée. Il a la tête profil à droite, les ailes éployées et les serres écartées tenant chacune le sceau 𓍶.

Les détails sont masqués par la décomposition actuelle du métal.

Deux anneaux soudés, à plat, se profilent au-dessus des ailes; ils pouvaient servir à suspendre ou à *appliquer* le motif.

Bibl. : *Journal d'entrée du Musée*, n° 35934.

53389-53390. Deux pendeloques. — Pierre. — Haut. 0 m. 019 mill., larg. 0 m. 010 mill. (pl. CII, première figure des lignes verticales 1 et 11).

Deux plaques de serpentine verdâtre. Elles sont rectangulaires, d'une épaisseur irrégulière (environ 0 m. 003 mill.). Elles ont un anneau horizontal pris dans la matière même.

Sur un côté de ces pendeloques est gravé un *ouadj* 𓇅 simplement au trait.

Bibl. : *Journal d'entrée du Musée*, n° 35980.

53391-53392. Deux pendeloques. — Pierre. — Long. 0 m. 008 mill. 1/2. — Trouvées à Saqqarah, mars 1903 (pl. CII, première figure des lignes verticales 3 et 9).

Deux *oudja*. Celui qui est sous le n° 3 est en amazonite, l'autre est en une pierre jaunâtre dont le ton est altéré.

Les indications, sourcils, paupières, etc., sont gravées au trait sur les deux faces.

Tous deux sont perforés dans le sens de la longueur, horizontalement.

Bibl. : *Journal d'entrée du Musée*, n° 35987.

53393-53394. Deux pendeloques. — Pierre. — Haut. 0 m. 009 mill. 1/2 (pl. CII, première figure des lignes verticales 4 et 8).

Deux vautours, ronde bosse, posés sur des plinthes. L'un est en lapis (n° 8), l'autre est en une pierre tellement impure (lapis?) qu'elle appelle des réserves.

Les vautours sont d'une bonne exécution.

Les anneaux de suspension sont posés un peu plus bas que dans la plupart des pendeloques qui nous sont passées sous les yeux; ils sont sur la partie du dos la plus en relief.

Bibl. : *Journal d'entrée du Musée*, n° 36002.

53395-53396. Deux pendeloques (scarabées). — Pierre. — Long. 0 m. 010 mill. — Trouvées à Saqqarah (pl. CII, deuxième figure des lignes verticales 1 et 11).

Deux scarabées. Celui de gauche (ligne 1) est en pierre jaune (litho), celui de droite (ligne 11) est en lapis impur. Tous deux sont d'une bonne exécution.

Ils sont perforés dans le sens de la longueur.

53397-53398. Deux pendeloques. — Pierre. — Haut. o m. 014 mill. 1/2 et o m. 015 mill. 1/2. — Trouvées à Saqqarah (pl. CII, troisième figure des lignes verticales 1 et 11).

Deux petites figures en mauvais état.

L'une (ligne 1) est une figure assise, tête humaine. La matière semble être du lapis. L'anneau de suspension, qui était derrière au niveau de la ligne des épaules, est brisé.

La seconde figure (ligne 11) est en une matière qui pourrait être de la serpentine. L'état est particulièrement mauvais; la tête manque. Néanmoins l'anneau de suspension, qui est pris dans la matière, est intact.

Bibl. : *Journal d'entrée du Musée*, n° 36004.

53399-53400. Deux pendeloques. — Pierre. — Haut. o m. 010 mill. (ligne 1) et o m. 009 mill. (ligne 11), larg. o m. 009 mill. (mesure commune). — Trouvées à Saqqarah (pl. CII, quatrième figure des lignes verticales 1 et 11).

Deux sceaux, l'un en agate (ligne 1), l'autre en amazonite (ligne 11).

Celui de la ligne 1 a son anneau plus ouvert et la partie «cachet» plus développée.

Bibl. : *Journal d'entrée du Musée*, n° 35997.

53401. Pendeloque. — Lapis. — Haut. o m. 011 mill., larg. o m. 013 mill. 1/2, épaiss. o m. 003 mill. 1/2. — Trouvée à Saqqarah (pl. CII, cinquième figure de la ligne verticale 1).

Un rectangle de lapis sur lequel est gravé, dans le sens de la largeur, un *oudja* (droite) exécuté avec beaucoup de soin.

La plaque est perforée dans le sens de la largeur.

Bibl. : *Journal d'entrée du Musée*, n° 34981.

53402-53403. Deux pendeloques. — Pierre. — Longueurs : ligne 1, o m. 012 mill. 1/2; ligne 11, o m. 013 mill. 1/2. Largeurs : ligne 1, o m. 009 mill.; ligne 11, o m. 010 mill. Épaisseurs : ligne 1, o m. 004 mill.; ligne 11, o m. 004 mill. — Trouvées à Saqqarah (pl. CII, sixième et dernière figure des lignes verticales 1 et 11).

Deux *oudja* : l'un (ligne 1) est en agate, l'autre (ligne 11) en amazonite. Ils sont tous deux gravés avec soin des deux côtés.

Ils sont perforés dans le sens de la longueur.

53404. Pendeloque. — Or et pierres. — Haut. o m. 011 mill. 1/2, larg. o m. 010 mill.; poids o gr. 30 (pl. CII, première figure de la ligne verticale 2).

Un collier du type «large». Il est fait d'une plaque d'or mince sur laquelle on a soudé quatre cloisons, formant ainsi trois rangs qui furent garnis de pierres qu'il est impossible de déterminer maintenant.

Les rangs sont arrêtés, de chaque côté, par une petite cloison transversale, et les extrémités du collier, qui se terminent en pointes recourbées, n'ont plus qu'une seule partie cloisonnée.

Au revers, au droit même des petites cloisons qui forment la limite des autres, il a été placé deux anneaux de suspension.

Bibl. : *Journal d'entrée du Musée*, n° 35931.

53405. Pendeloque. — Or et pierre. — Haut. o m. 015 mill., larg. o m. 012 mill. 1/2; poids o gr. 43. — Trouvée à Saqqarah (pl. CII, première figure de la ligne verticale 10).

Un collier en or cloisonné.

Il est du type dit «large». Sur un fond d'or, six petites cloisons ont fait cinq rangs qui furent garnis par des pierres, dont ce qui reste est aujourd'hui complètement décoloré.

Comme au bijou précédent, ces cloisons ne vont pas jusqu'aux pointes extrêmes du collier et sont arrêtées avant d'entrer dans les pointes par une petite cloison transversale.

Au revers, deux anneaux de suspension sont soudés au droit des dites petites cloisons.

Bibl. : *Journal d'entrée du Musée*, n° 35930.

53406-53407. Deux pendeloques. — Pierre. — Haut. o m. 004 mill. 1/2, larg. o m. 006 mill. 1/2. — Trouvées à Saqqarah (pl. CII, deuxième figure des lignes verticales 2 et 10).

Deux *oudjas*, l'un et l'autre en lapis très impur. Ces deux pierres ont été simplement découpées dans la forme *oudja*, mais elles n'ont pas de gravure.

Elles sont perforées toutes deux dans le sens de la longueur.

Bibl. : *Journal d'entrée du Musée*, n° 35988.

53408. Pendeloque. — Cornaline. — Long. o m. 009 mill. 1/2, épaiss. o m. 004 mill. — Trouvée à Saqqarah (pl. CII, deuxième figure de la ligne verticale 6).

Une perle légèrement ovoïde, en cornaline, perforée dans le sens de la longueur.

Bibl. : *Journal d'entrée du Musée*, n° 36009.

53409. Palmier avec faucon. — Or et lapis. — Haut. 0 m. 019 mill.; poids 1 gramme. — Trouvé à Saqqarah (pl. CII, troisième figure de la ligne 6).

Un petit palmier, épanoui, portant au milieu de ses feuilles trois groupes de chacun cinq perles.

Au sommet, sur le feuillage, un faucon, de lapis très foncé, est posé sur une bâte d'or.

L'objet n'est pas complet et il est difficile de dire pour quel usage il a été fait.

Bibl. : *Journal d'entrée du Musée*, n° 35954.

53410. Pendeloque. — Or. — Haut. 0 m. 011 mill., larg. 0 m. 006 mill. 1/2; poids 1 gramme. — Trouvée à Saqqarah (pl. CII, quatrième figure de la ligne 6).

Une petite figure Neith, assise, coiffée de la couronne de la Basse-Égypte. Elle est posée sur le signe [hiéroglyphe] posé à plat.

Un anneau de suspension est soudé entre les deux épaules de la statuette.

Bibl. : *Journal d'entrée du Musée*, n° 35959.

53411. Pendeloque. — Or. — Haut. 0 m. 010 mill., longueur de la plinthe 0 m. 005 mill.; poids 0 gr. 50. — Trouvée à Saqqarah (pl. CII, cinquième figure de la ligne 6).

Une petite statuette assise : Isis tenant Horus sur les genoux. La statuette porte sur une plinthe.

L'anneau de suspension prend place entre les deux épaules.

Bibl. : *Journal d'entrée du Musée*, n° 35960.

53412. Pendeloque. — Or. — Haut. 0 m. 020 mill., larg. 0 m. 003 mill. 1/2; poids 1 gr. 15. — Trouvée à Saqqarah (pl. CII, sixième figure de la ligne 6).

Une statuette debout : Hathor à tête de vache. L'attitude est rigide. La figure porte les longues plumes encadrées par les cornes. Les deux bras, qui sont des fils d'or rapportés, sont tombants rigides le long du corps.

L'anneau de suspension est placé derrière, à la hauteur du cou.

Cette statuette se confond, dans la planche CII, avec le collier qui est au-dessous, bien qu'elle n'ait aucun rapport avec ce collier.

Bibl. : *Journal d'entrée du Musée*, n° 35963.

53413. Pendeloque. — Or. — Larg. o m. o33 mill.; poids o gr. 72. — Trouvée à Saqqarah (pl. CII, septième figure de la ligne 6).

Un collier, genre «large». Il est fait d'une plaque d'or très mince dans laquelle la silhouette de collier est découpée. Deux têtes de faucons sont aux extrémités; elles sont simplement découpées dans la même plaque.

Sur le collier est tracé sur trois lignes le chapitre CLVII du *Livre des Morts.*

Au revers, à la hauteur du cou des têtes de faucons, on voit deux petits anneaux soudés.

BIBL. : *Journal d'entrée du Musée,* n° 35932.

53414. Pendeloque. — Or. — Long. o m. oo6 mill., larg. o m. oo4 mill.; poids o gr. 40. — Trouvée à Saqqarah (pl. CII, huitième figure de la ligne 6).

Un très petit scarabée d'or exécuté avec une perfection remarquable. Il est en ronde bosse et les indications du dessous sont aussi intéressantes que celles du dessus.

L'anneau de suspension est placé à la hauteur de la tête, au-dessous, entre les pinces antérieures; il n'est pas fermé, c'est un fil recourbé.

BIBL. : *Journal d'entrée du Musée,* n° 35949.

53415. Pendeloque. — Or. — Larg. o m. o14 mill., haut. o m. oo8 mill.; poids o gr. 70. — Trouvée à Saqqarah (pl. CII, neuvième figure de la ligne 6).

Un scarabée ailé, d'une très belle exécution; il est en ronde bosse. Les détails du dessous sont précisés avec autant de soin que ceux du dessus.

L'anneau de suspension est placé au milieu du ventre du scarabée.

BIBL. : *Journal d'entrée du Musée,* n° 35940.

53416. Pendeloque. — Or cloisonné. — Larg. o m. o24 mill., haut. o m. o12 mill. (pl. CII, dixième figure de la ligne 6).

Une figure humaine ailée, les ailes éployées. Sur une plaque d'or, laquelle, à l'envers, montre le visage humain, le ventre et les pattes du sujet, en or uni, et à l'endroit, qui est dans l'espèce le dos de la figure, un travail de cloisonné remarquable. Les cloisons ne contiennent plus qu'une substance noirâtre et ne laissent pas d'indications quant aux matières qui les garnissaient.

Deux anneaux sont placés sur les ailes de chaque côté de la tête.

BIBL. : *Journal d'entrée du Musée,* n° 35941.

53417. Pendeloque (fragments). — Or. — Trouvée à Saqqarah (pl. CII, onzième et dernière figure de la ligne 6).

Deux cynocéphales et un signe *atef.*

Les cynocéphales sont placés sur une plinthe où l'on voit une petite bâte qui avait sans doute comme objet de soutenir un scarabée debout, surmonté de l'*atef.* Le scarabée et son chaton ont disparu; l'*atef* est donc en un fragment séparé du groupe des cynocéphales. Il paraît évident que nous sommes en présence d'un dispositif semblable à ceux que nous avons vus aux n°s 53363-53364.

Le groupe des cynocéphales, ainsi que la plinthe et la cloison elliptique qui est posée dessus, ont cette couleur rouge cuivré que l'on rencontre fréquemment dans la bijouterie égyptienne.

L'*atef* est de la couleur d'or naturel; la partie inférieure est une petite boîte ouverte qui s'ajustait évidemment sur le bijou. Un anneau de suspension est soudé dans l'angle formé par la réunion des longues plumes et de cette petite boîte de la base.

Bibl. : *Journal d'entrée du Musée,* n° 35957.

53418-53419. Pendeloques. — Or. — Larg. 0 m. 005 mill. 1/2, haut. 0 m. 004 mill.; poids 0 gr. 10 chacune. — Trouvées à Saqqarah (pl. CII, première figure des lignes 5 et 7).

Deux petits naos, exécutés très simplement. Ils sont faits d'une petite feuille d'or. A l'avers, un cœur est indiqué en creux profondément, ce qui fait au revers un relief important au-dessus duquel est soudé l'anneau de suspension.

Bibl. : *Journal d'entrée du Musée,* n° 35966.

53420 à 53427 inclus. Pendeloques. — Or. — Haut. 0 m. 006 mill. 1/2; poids 0 gr. 40 chacune. — Trouvées à Saqqarah (pl. CII, 2e-5e figures des lignes 5 et 7).

Huit vautours en or. Ils sont posés sur des plinthes qui sont des plaquettes d'or.

Ces vautours sont en ronde bosse et travaillés avec soin. Un anneau de suspension est soudé entre les ailes, non loin du cou.

Bibl. : *Journal d'entrée du Musée,* n° 35942.

53428-53429. Pendeloques. — Or. — Long. 0 m. 013 mill., larg. 0 m. 004 mill.; poids 0 gr. 45. — Trouvées à Saqqarah (pl. CII, deuxième figure des lignes 4 et 8).

Deux sistres Hathor. Ils sont munis à la partie supérieure de l'anneau de suspension.

Bibl. : *Journal d'entrée du Musée,* n° 35976.

53430. Pendeloque. — Or. — Haut. 0 m. 008 mill. 1/2, larg. 0 m. 003 mill. 1/2; poids 0 gr. 38. — Trouvée à Saqqarah, mars 1903 (pl. CII, troisième figure de la ligne 4).

Un uræus en or. Sa queue est repliée et nouée de façon à permettre de le présenter debout.

Un anneau de suspension est soudé à l'arrière, très près de la tête.

53431. Boucle d'oreille. — Or. — Diamètre moyen 0 m. 010 mill. 1/2; poids 0 gr. 40. — Trouvée à Saqqarah (pl. CII, troisième figure de la ligne 8).

Une boucle d'oreille en or.

Une tête de lion entourée d'un anneau formé de cinq fils, vient terminer le corps d'une boucle qui est faite d'une feuille d'or mince roulée en cornet et dont la pointe se présente devant la gueule du lion.

Bibl. : *Journal d'entrée du Musée*, n° 35978 [1].

53432. Pendeloque. — Lapis. — Long. 0 m. 009 mill., larg. 0 m. 007 mill.; poids 0 gr. 60 (pl. CII, quatrième figure de la ligne 4).

Un scarabée à tête d'épervier. Il est en lapis. La partie plate est unie.

Il est perforé dans le sens du grand axe.

Bibl. : *Journal d'entrée du Musée*, n° 35999.

53433. Pendeloque. — Pierre. — Long. 0 m. 009 mill., larg. 0 m. 007 mill. 1/2; poids 0 gr. 40. — Trouvée à Saqqarah (pl. CII, quatrième figure de la ligne 8).

Une grenouille en feldspath d'une bonne exécution; elle repose sur une plinthe qui est de la même forme que celle des scarabées. Le dessous est uni.

La pièce est perforée dans le sens du grand axe.

Bibl. : *Journal d'entrée du Musée*, n° 36000.

53434-53435. Pendeloques. — Cornaline. — Haut. 0 m. 022 mill., 0 m. 024 mill. 1/2, larg. 0 m. 014 mill. — Trouvées à Saqqarah (pl. CII, cinquième figure des lignes 4 et 8).

Deux *dad* 𓊽 en cornaline. Ils sont en assez bon état; toutefois nous signalerons ceci : l'anneau de suspension, pris dans la matière, et qui est intact dans le n° 53435,

[1] Ce numéro avait été attribué par erreur au n° 52517.

est brisé au n° 53434. Cet anneau étant au sommet du bijou, cela explique la différence dans les hauteurs; il n'y a pas d'autre raison.

Ces *dad* sont ronde bosse, à double face.

Bibl. : *Journal d'entrée du Musée*, n° 35992.

53436. Pendeloque. — Lapis. — Haut. o m. 016 mill., larg. o m. 012 mill., épaiss. o m. 005 mill.; poids o gr. 72. — Trouvée à Saqqarah (pl. CII, cinquième figure de la ligne 11).

Un cœur en lapis. La conservation est parfaite; mais l'anneau de suspension, pris dans la matière même et situé au sommet, est brisé.

Le bijou est à double face.

53437. Pendeloque. — Or. — Longueur de la queue o m. 019 mill., hauteur des uræus o m. 009 mill., larg. o m. 011 mill. 1/2; poids o gr. 70. — Trouvée à Saqqarah (pl. CII, sixième figure de la ligne 4).

Deux uræus accouplés; ils se présentent verticalement. Les queues sont réunies et se prolongent sur la longueur de o m. 019 mill.

L'anneau de suspension est placé à l'arrière entre les deux uræus, près des têtes.

C'est seulement sur les faces que l'on voit des indications gravées.

Bibl. : *Journal d'entrée du Musée*, n° 35946.

53438. Pendeloque. — Or. — Haut. o m. 012 mill., larg. o m. 003 mill. 1/2; poids o gr. 46 (pl. CII, entre les lignes 7 et 8, E).

Un uræus en or. Il est fait d'une plaque mince découpée. La tête a été rapportée ainsi que la queue, qui se replie en boucles.

L'anneau de suspension est soudé derrière la tête, un peu au-dessous.

53439-53440. Pendeloques. — Or. — Haut. o m. 008 mill. 1/2, larg. o m. 005 mill. 1/2; poids o gr. 42. — Trouvées à Saqqarah (pl. CII, deuxième figure des lignes 3 et 9).

Deux petites pendeloques en or de la forme des vases à huile sacrée. Ils sont exécutés avec la plus grande simplicité. Ils sont à double face. L'anneau de suspension est soudé sur la partie supérieure.

Bibl. : *Journal d'entrée du Musée*, n° 35969.

53441. Pendeloque. — Or. — Long. o m. 016 mill. 1/2; poids o gr. 15. — Trouvée à Saqqarah (pl. CII, entre les lignes 2 et 3, B).

Un serpent. Il est de forme ondulée, ronde bosse. Sa légèreté extrême indique qu'il est fait d'un *tube* et non d'un fil d'or. L'anneau de suspension est placé vers le milieu.

Bibl. : *Journal d'entrée du Musée*, n° 35948.

53442. Pendeloque. — Or. — Long. o m. 008 mill.; poids o gr. 12. — Trouvée à Saqqarah (pl. CII, entre les lignes 9 et 10, B).

Un petit tube terminé par une tête de serpent. Le tube est fermé. L'anneau de suspension est fixé sur la tête même du serpent.

Bibl. : *Journal d'entrée du Musée*, n° 35950.

53443 à 53446. Pendeloques. — Or. — Gross. de 3 à 4 millimètres. — Trouvées à Saqqarah (pl. CII, entre les lignes 2-3 et 9-10, C-D).

Quatre très petits bijoux en or : ce sont des *klaft*, dont deux sont indiqués très schématiquement. Ils sont privés des deux parties qui viennent en avant de la coiffure.

Bibl. : *Journal d'entrée du Musée*, n°s 35974-35975.

53447. Pendeloque. — Or. — Long. o m. 011 mill., larg. o m. 004 mill. — Trouvée à Saqqarah (pl. CII, entre les lignes 2 et 3, D-E).

Un petit *dad* 𓊽 en or; il est à double face. L'anneau de suspension est soudé au sommet.

Bibl. : *Journal d'entrée du Musée*, n° 35967.

53448. Pendeloque (*oudja*). — Or. — Haut. et larg. o m. 006 mill. — Trouvée à Saqqarah, mars 1903 (pl. CII, entre les lignes 9 et 10, D-E).

Un petit *oudja* en or; il est à double face. Les indications sont gravées des deux côtés. L'anneau de suspension est soudé au-dessus de l'œil proprement dit.

Bibl. : *Journal d'entrée du Musée*, n° 35973.

53449. Pendeloque. — Or. — Haut. 0 m. 010 mill., larg. 0 m. 003 mill. — Trouvée à Saqqarah (pl. CII, entre les lignes 4 et 5, F).

Figure assise à tête d'épervier, coiffée du disque lunaire avec l'uræus entre les cornes de vache. L'anneau de suspension est soudé au dos, entre les épaules.

Bibl. : *Journal d'entrée du Musée*, n° 35962.

53450. Pendeloque. — Or. — Haut. 0 m. 008 mill. 1/2, larg. 0 m. 003 mill. — Trouvée à Saqqarah (pl. CII, entre les lignes 7 et 8, F).

Une petite figure d'Isis. La déesse est assise. L'anneau de suspension est soudé au dos, entre les épaules.

Bibl. : *Journal d'entrée du Musée*, n° 35961.

53451 à 53454. Pendeloques. — Or. — Haut. et larg. 0 m. 006 mill. — Trouvées à Saqqarah (pl. CII, entre les lignes 4-5 et 7-8, G-H).

Quatre petits vautours en or. Ils sont tous les quatre posés sur de petites plinthes faites de plaques d'or. Ils sont en ronde bosse. L'anneau de suspension est soudé entre les ailes.

Bibl. : *Journal d'entrée du Musée*, n° 35942.

53455. Pendeloque. — Lapis. — Haut. 0 m. 015 mill. 1/2, larg. 0 m. 006 mill. — Trouvée à Saqqarah (pl. CII, troisième figure de la ligne 3, F).

Un *dad* 𓊽 en lapis; il est à double face. L'anneau de suspension, pris dans la matière, est au sommet du symbole.

Bibl. : *Journal d'entrée du Musée*, n° 35990.

53456. Pendeloque. — Céramique. — Haut. 0 m. 017 mill., larg. 0 m. 006 mill. 1/2. — Trouvée à Saqqarah (pl. CII, troisième figure de la ligne 9, F).

Un *dad* 𓊽 en céramique brune. Le symbole est à une face simple. Le revers est plat. L'anneau de suspension, pris dans la même matière, est brisé.

Bibl. : *Journal d'entrée du Musée*, n° 35991.

53457. Pendeloque. — Lapis(?). — Larg. 0 m. 008 mill., haut. 0 m. 006 mill. — Trouvée à Saqqarah (pl. CII, quatrième figure de la ligne 9, G).

Une plaquette rectangulaire de lapis(?), sur laquelle est gravé l'*oudja*, œil droit.
Le revers n'est pas gravé.
La plaquette est perforée dans le sens de la largeur.

Bibl. : *Journal d'entrée du Musée*, n° 35982.

53458. Pendeloque. — Obsidienne(?). — Haut. 0 m. 015 mill., larg. 0 m. 006 mill.; poids 0 gr. 15. — Trouvée à Saqqarah (pl. CII, quatrième et dernière figure de la ligne 3, H).

Une déesse Neith; elle est debout, les bras tombants. La pierre est restée, à l'arrière, sans être modelée; elle forme une bande verticale rectiligne.
Le trou qui permet la suspension est percé dans cette cloison; il est au niveau du bras, entre l'épaule et le coude.

Bibl. : *Journal d'entrée du Musée*, n° 36005.

53459. Pendeloque. — Lapis. — Haut. 0 m. 016 mill. 1/2, larg. 0 m. 005 mill.; poids 0 gr. 15. — Trouvée à Saqqarah (pl. CII, cinquième et dernière figure de la ligne 9, H).

Une pendeloque en lapis. C'est la déesse Nephthys debout, les bras tombants.
La partie antérieure est restée rigide et forme une cloison verticale. C'est dans cette partie qu'est percé le trou de suspension; il est vers le milieu du bras.

Bibl. : *Journal d'entrée du Musée*, n° 36005.

53460. Pendeloque. — Pierre brune. — Long. 0 m. 009 mill., larg. 0 m. 007 mill. — Trouvée à Saqqarah, mars 1903 (pl. CII, dernière figure de la ligne 2, G-H).

Un *oudja*. La matière brune est difficile à définir. Les deux côtés ont été gravés. Le trou permettant l'enfilage est foré dans le sens de la longueur.

Bibl. : *Journal d'entrée du Musée*, n° 35988.

53461. Pendeloque. — Lapis. — Larg. 0 m. 011 mill., haut. 0 m. 007 mill. 1/2; poids 0 gr. 15. — Trouvée à Saqqarah (pl. CII, entre les lignes 3 et 4, G-H).

Un *oudja* en lapis. Les deux côtés sont gravés. Le trou de suspension est percé dans le sens de la longueur.

Bibl. : *Journal d'entrée du Musée*, n° 35988.

53462-53463. Perles ovoïdes. — Cornaline. — Long. 0 m. 010 mill., gross. 0 m. 004 mill. — Trouvées à Saqqarah (pl. CII, entre les lignes 8-9 et dernière figure de la ligne 10, G).

Perles ovoïdes en cornaline, manifestement échappées d'un enfilage. Elles sont en bon état, quoique égrenées autour des ouvertures des trous ménagés dans le sens de la longueur.

Bibl. : *Journal d'entrée du Musée*, n° 36009.

53464. Scarabée. — Serpentine. — Grand axe 0 m. 058 mill., petit axe 0 m. 040 mill., épaiss. 0 m. 026 mill.; poids 93 grammes. — Trouvé à Tell Ibn es-Salam (Mendès), février 1902.

Un scarabée en serpentine d'un travail extrêmement précieux et d'une conservation parfaite, malgré la finesse des détails, presque exagérée.

Le plat est uni.

Bibl. : *Journal d'entrée du Musée*, n° 35430.

53465. Collier. — Or. — Largeur horizontale 0 m. 255 mill., largeur verticale 0 m. 110 mill.; poids 39 grammes. — Trouvé à Tell Ibn es-Salam (Mendès), février 1902 (pl. LXXXVII).

Une plaque d'or extrêmement mince (1/10 1/2 de millimètre). Elle est de grande dimension et figure un large collier dont les extrémités sont deux têtes de faucons surmontées du disque solaire.

Le collier figure sept rangs : trois sont garnis de dents, pointes en bas, et trois autres de perles rondes qui ne se touchent pas; le dernier rang est décoré de perles en forme de larmes. Les rangs sont séparés par un trait gras en relief.

Quelques traits se voient entre les dents qui décorent trois rangs.

Le tout a été estampé dans un moule, sans doute en plâtre, où les ornements avaient été creusés; les quelques traits qui décorent les têtes de faucons, la partie horizontale supérieure du collier et les fonds entre les dents n'ont été faits qu'ensuite, la plaque d'or étant collée sur un substratum résistant, car ces traits sont nets et n'ont pas entraîné la matière autour d'eux.

Cet objet était cloué : quatre trous placés sur le rang horizontal du haut du collier, deux aux extrémités et deux à l'angle de l'ouverture circulaire du milieu.

Bibl. : *Journal d'entrée du Musée*, n° 35421.

53466. Grand ornement de poitrine. — Or. — Long. 0 m. 423 mill., larg. 0 m. 134 mill. et 0 m. 245 mill. à la hauteur de l'âme; poids 36 grammes. — Trouvé à Tell Ibn es-Salam (Mendès), février 1902 (pl. LXXXVII).

Une grande plaque d'or d'une minceur extrême (moins de 1/10 de millimètre d'épaisseur). Elle venait compléter l'ornement de la momie et était placée au-dessous du grand collier inventorié au numéro précédent.

La partie du haut est constituée essentiellement par une âme (une figure humaine ailée, le disque solaire sur la tête). Elle est à genoux, profil à droite, les ailes éployées. Les deux bras sont écartés et les mains tiennent chacune une longue plume lesquelles vont toucher le haut de la plaque. Dans le champ, entre la partie horizontale du haut, le disque et les longues plumes, se trouvent deux cartels carrés sur lesquels sont des inscriptions.

La plaque se prolonge ensuite sur une longueur de 0 m. 34 cent. 1/2; elle se termine au bas en s'arrondissant. Elle est décorée dans la partie médiane de deux bandes verticales d'inscriptions.

Le tour de cette longue partie de la plaque est fait d'une bordure où sont alternées des rosaces à huit pétales et des disques unis.

Entre cette bordure et la bande à inscriptions hiéroglyphiques du milieu on voit des bandes en portions de cercles, qui répètent le décor de l'encadrement; ces bandes alternent de la façon suivante : unie, disque, rosaces; unie, disque, rosaces; et ainsi de suite.

Le tout a été poussé dans un creux, sans doute de plâtre, ce qui est très facile quand le métal a une épaisseur aussi minime. Les quelques traits que l'on voit ont été faits ensuite ainsi qu'il a été dit précédemment pour le n° 53466.

On ne voit autour de cette plaque, et malgré ses grandes dimensions, que cinq modestes trous indiquant la place des clous destinés à fixer l'objet sur le sarcophage; mais la feuille d'or est si mince qu'il peut y en avoir eu un plus grand nombre.

Bibl. : *Journal d'entrée du Musée*, n° 35420.

53467. Bande. — Or. — Long. 0 m. 910 mill., larg. 0 m. 007 mill.; poids 8 grammes. — Trouvée à Tell Ibn es-Salam (Mendès), février 1902 (pl. LXXXVII, sur la grande plaque n° 53466).

Une bande d'or unie. Elle a 1/10 de millimètre d'épaisseur; elle a un petit trou à 1 centimètre de chacune de ses extrémités.

Bibl. : *Journal d'entrée du Musée*, n° 35424.

53468-53468*bis*. Sandales. — Or. — Long. 0 m. 206 mill., larg. 0 m. 067 mill.; poids 10 gr. 30 et 13 gr. 50. — Trouvées à Tell Ibn es-Salam (Mendès), février 1902 (pl. LXXXVII).

Deux sandales en or. Elles sont faites de feuilles minces, simplement découpées et dont le seul ornement consiste en des traits : l'un souligne le contour de la sandale à 0 m. 002 mill. du bord extrême, les autres, transversaux, au nombre de dix-neuf, espacés de façon assez inégale.

L'une des sandales, la plus lourde, possède encore une bride d'or faite d'un fil qui a 2/3 de millimètre d'épaisseur pour une longueur de 0 m. 21 cent. Ce fil passe à travers deux trous pratiqués dans la sandale et est simplement tordu de l'autre côté.

La sandale dépourvue de bride (n° 53468 *bis*) montre néanmoins les deux trous ayant servi à l'accrochage.

Les deux sandales sont trouées également au niveau du grand orteil; la sandale sans bride est trouée en plus à droite, mais cela a la forme d'un trou accidentel.

Bibl. : *Journal d'entrée du Musée*, n° 35422.

53469. Enveloppe de phallus. — Or. — Long. 0 m. 122 mill.; poids 7 grammes. — Trouvée à Tell Ibn es-Salam (Mendès), février 1902 (pl. LXXXVII).

Enveloppe de phallus en très mauvais état. L'or est excessivement mince (1/10 de millimètre environ).

Bibl. : *Journal d'entrée du Musée*, n° 35425.

53470. Bande. — Or. — Longueur totale 0 m. 328 mill., larg. 0 m. 018 mill.; poids 6 gr. 50. — Trouvée à Tell Ibn es-Salam (Mendès), février 1902 (pl. LXXXVII, groupe B, n° 1).

Une bande d'or terminée à ses extrémités par deux petites languettes en demi-cercle; chacune de ces languettes est percée d'un trou.

La bande est divisée en quatre parties d'ailleurs inégales. Chaque division est marquée par un godron en relief; entre chaque godron, une série de trois traits, indiqués en creux, très peu accentués. Ces traits sont placés dans le sens de la longueur et s'arrêtent à environ 5 millimètres des godrons.

Bibl. : *Journal d'entrée du Musée*, n° 35423.

53471-53471 *bis*. Deux bandes. — Or. — Longueur de chaque bande 0 m. 248 mill., larg. 0 m. 012 mill.; poids 2 gr. 30. — Trouvées à Tell Ibn es-Salam (Mendès), février 1903 (pl. LXXXVII, groupe B, n°s 2 et 3).

Deux bandes d'or semblables à celle qui est inventoriée au numéro précédent. Les seules différences sont dans les dimensions et dans les languettes des extrémités lesquelles sont carrées au lieu d'être en demi-cercle.

Le décor est semblable également.

Bibl. : *Journal d'entrée du Musée*, n° 35423.

53472-53472*bis*. Deux bandes. — Or. — Long. 0 m. 226 mill., larg. 0 m. 011 mill.; poids 2 gr. 30. — Trouvées à Tell Ibn es-Salam (Mendès), février 1902 (pl. LXXXVII, groupe B, n°s 4 et 5).

Deux bandes d'or de mêmes dimensions et de même poids; elles sont semblables à tous autres égards aux deux précédentes, sauf que les traits de décor, dans la longueur, ne sont qu'au nombre de deux.

Bibl. : *Journal d'entrée du Musée*, n° 35423.

53473. Bande. — Or. — Long. 0 m. 143 mill., larg. 0 m. 011 mill.; poids 1 gr. 70. — Trouvée à Tell Ibn es-Salam (Mendès), février 1902 (pl. LXXXVII, groupe B, n° 6).

Une bande d'or qui ne diffère des deux précédentes que par la longueur.

Bibl. : *Journal d'entrée du Musée*, n° 35423.

53474-53474*bis*. Deux feuilles d'or découpées. — Haut. 0 m. 104 mill., larg. 0 m. 053 mill.; poids 4 grammes (ensemble). — Trouvées à Tell Ibn es-Salam (Mendès), février 1902 (pl. LXXXVII, groupe D).

Deux déesses (Isis et Nephthys) à genoux, profil à droite, la main gauche portée au visage. Les coiffures ne sont que des languettes informes.

Le métal est d'une minceur extrême et le poids des deux objets est une indication suffisante.

A l'une et à l'autre il n'y a qu'un petit trou de visible au sommet de la languette qui est dans la partie supérieure. Ces feuilles d'or étaient sans doute collées.

L'état de ces objets est naturellement mauvais; l'exécution en a été simple : le métal a été poussé dans un creux qui n'avait pas besoin d'être très solide, sans doute du plâtre.

Bibl. : *Journal d'entrée du Musée*, n° 35426.

53475-53475*bis*. Deux feuilles d'or découpées. — Haut. 0 m. 115 mill., larg. 0 m. 028 mill.; poids 2 gr. 40 (ensemble). — Trouvées à Tell Ibn es-Salam (Mendès), février 1902 (pl. LXXXVII, groupe D).

Un singe et un faucon en or, découpés dans du métal extrêmement mince. Les deux figures symboliques ont la forme de gaines. Elles sont profil à gauche.

En haut et en bas des deux objets on voit de petits trous qui permettaient de les clouer sur le sarcophage.

Ainsi que les deux numéros précédents, l'état de conservation est médiocre; toutefois, comme le sujet est traité beaucoup plus simplement, le métal ici est moins fripé.

BIBL. : *Journal d'entrée du Musée*, n° 35427.

53476. Chevet. — Obsidienne. — Long. o m. o35 mill., larg. o m. oo8 mill. 1/2, haut. o m. o18 mill.; poids 9 grammes. — Trouvé à Tell Ibn es-Salam (Mendès), février 1902 (pl. LXXXVII, groupe C).

Un petit chevet en obsidienne. Il est en parfait état de conservation.

BIBL. : *Journal d'entrée du Musée*, n° 35433.

53477. Chevet. — Serpentine. — Long. o m. o31 mill., larg. o m. oo8 mill. 1/2, haut. o m. o17 mill.; poids 6 grammes. — Trouvé à Tell Ibn es-Salam (Mendès), février 1902 (pl. LXXXVII, groupe C).

Un petit chevet en serpentine. Il est en parfait état de conservation.

BIBL. : *Journal d'entrée du Musée*, n° 35433.

53478. Pendeloque (un cœur). — Serpentine. — Haut. o m. o26 mill., larg. o m. o18 mill. 1/2, épaiss. o m. o11 mill.; poids 6 grammes. — Trouvée à Tell Ibn es-Salam (Mendès), février 1902 (pl. LXXXVII, groupe C).

Un cœur en serpentine verdâtre, d'une bonne exécution. A la partie supérieure on a réservé un demi-disque dans la matière même, et c'est dans cette partie que se trouve le trou pour la suspension. L'épaisseur de ce demi-disque est striée dans le sens du pourtour.

Le cœur est décoré, dans sa partie inférieure, de traits croisés en réseau; deux traits doubles, de chaque côté, en forme d'anse.

L'objet est en très bon état.

BIBL. : *Journal d'entrée du Musée*, n° 35431.

53479. Pendeloque (boucle de ceinture). — Jaspe rouge. — Haut. o m. o43 mill., larg. o m. o14 mill. 1/2, épaiss. o m. oo5 mill. — Trouvée à Tell Ibn es-Salam (Mendès), février 1902 (pl. LXXXVII, groupe C).

Un anneau de ceinture en jaspe rouge antique. L'anneau de suspension, qui avait été réservé dans la matière, est brisé et a entraîné un éclat assez sérieux.

BIBL. : *Journal d'entrée du Musée*, n° 35437.

53480. Pendeloque. — Lapis. — Haut. o m. o35 mill., larg. o m. oo8 mill.; poids 2 gr. 25. — Trouvée à Tell Ibn es-Salam (Mendès), février 1902 (pl. LXXXVII, groupe C).

Une petite figure debout, les bras tombants. Le lapis dont elle est faite n'est pas de belle qualité.

Derrière la figure est une partie droite et pleine, comme d'habitude, et c'est dans cette partie que le trou de suspension est percé, sensiblement à la hauteur des coudes.

Bibl. : *Journal d'entrée du Musée*, n° 35435.

53481. Pendeloque. — Lapis. — Haut. o m. o18 mill., longueur de la plinthe o m. o18 mill., épaiss. o m. oo7 mill.; poids 2 gr. 3o. — Trouvée à Tell Ibn es-Salam (Mendès), février 1902 (pl. LXXXVII, groupe C).

Un faucon en lapis; il est en ronde bosse. La matière n'est pas très belle.

L'anneau de suspension, pris dans la matière, est sur le dos, entre les ailes.

Bibl. : *Journal d'entrée du Musée*, n° 35439.

53482 à 53501 inclus. Vingt et une pièces. — Or. — Poids total 6 grammes. — Trouvées à Tell Ibn es-Salam (Mendès), février 1902 (pl. LXXXVII, groupe C).

53482. Groupe. — Long. o m. o47 mill., haut. o m. o31 mill. — Groupe composé d'un *dad* au centre et de deux cynocéphales qui l'adorent. Au sommet du *dad*, dans un demi-cercle, est un petit trou.

53483. Âme. — Haut. et larg. o m. o33 mill. — Sur le dos, dans un demi-cercle, est un petit trou.

53484. Vautour. — Haut. et larg. o m. o25 mill. — Un vautour, profil à droite. Sur le dos, un anneau.

53485. Un vautour en tout semblable au précédent.

53486. Collier. — Haut. o m. o32 mill., larg. o m. o21 mill. — Un collier du type «large». Dans la partie du haut, entre les bouts du collier, on voit un trou.

53487. Contrepoids de collier. — Haut. o m. o21 mill., larg. o m. oo8 mill. — Un trou au sommet.

53487 *bis*. Faucon. — Haut. o m. o24 mill., larg. o m. o3o mill. — Un faucon, profil à droite. Sur le dos est le trou de suspension.

53488. Chat. — Haut. 0 m. 028 mill., larg. 0 m. 017 mill. — Un chat, profil à droite; il est assis. L'anneau de suspension est au dos.

53489. Un bras droit. — Long. 0 m. 025 mill., haut. 0 m. 016 mill. — Dans le fond, un petit trou.

53490. Scarabée. — Haut. 0 m. 020 mill., larg. 0 m. 015 mill. — Un trou en haut entre les pattes de devant.

53491. Coiffure. — Haut. 0 m. 020 mill., largeur à la base 0 m. 013 mill. — Un petit trou au milieu de la plaque.

53492. Un poignard, croisé avec son fourreau(?). — Haut. 0 m. 022 mill., larg. 0 m. 017 mill. — Un petit trou à droite, dans le fond.

53493. Cœur. — Haut. 0 m. 011 mill., larg. 0 m. 010 mill. — Un petit trou en haut, sur le grand axe.

53494. Boucle de ceinture. — Haut. 0 m. 022 mill., larg. 0 m. 009 mill. — Un trou dans l'anneau en haut.

53495. *Ouadj*. — Haut. 0 m. 024 mill. — Un trou en haut, dans la partie lotiforme.

53496. Cheval. — Haut. 0 m. 027 mill. — Un trou derrière la tête, dans un demi-cercle faisant anneau.

53497. Faucon en forme de gaine. — Haut. 0 m. 027 mill. — Un trou dans le fond, à hauteur du cou.

53498. Une sorte de perle en forme d'olive. — Haut. 0 m. 022 mill., larg. 0 m. 007 mill. — Un petit trou à une extrémité.

53499. Un petit poisson(?). — Long. 0 m. 016 mill., larg. 0 m. 007 mill. — Un trou de côté.

53500. Un vêtement ⛩. — Long. 0 m. 031 mill., larg. 0 m. 015 mill. — Un petit trou à une extrémité.

53501. Plaque. — 0 m. 011 mill. de chaque côté. — Une petite plaque cassée, sans décor.

L'ensemble est fait d'un métal dont la minceur est dénoncée par le poids *total* : 6 grammes!

Bibl. : *Journal d'entrée du Musée*, n° 35428.

53502. Cœur. — Cristal de roche fumé. — Haut. 0 m. 021 mill., larg. 0 m. 014 mill., épaiss. 0 m. 009 mill.; poids 2 gr. 40. — Trouvé à Tell Ibn es-Salam (Mendès), février 1902 (pl. LXXXVII, groupe A).

Un petit cœur en cristal de roche fumé. Il est en parfait état de conservation. L'anneau de suspension est en haut; il est de profil par rapport au cœur, et il est strié en longueur. Le trou est très petit.

Bibl. : *Journal d'entrée du Musée*, n° 35432.

53503. **Pendeloque.** — Lapis. — Haut. 0 m. 370 mill., larg. 0 m. 009 mill. 1/2, longueur de la plinthe 0 m. 016 mill.; poids 16 grammes. — Trouvée à Tell Ibn es-Salam (Mendès), février 1902 (pl. LXXXVII, groupe A).

Une statuette de Thot. Le dieu est debout, les bras tombants. Le bec d'ibis est relié au corps par une cloison qui le rend moins fragile; il en est de même de la jambe gauche, qui est reliée au fond par une cloison. Rien n'est ajouré.

A l'arrière, nous retrouvons la partie droite rigide que nous connaissons; c'est dans cette partie qu'est percé le trou de suspension, à peu près au niveau des coudes.

Bibl. : *Journal d'entrée du Musée*, n° 35435.

53504. **Pendeloque.** — Lapis (?). — Haut. 0 m. 041 mill., larg. 0 m. 007 mill., longueur de la plinthe 0 m. 010 mill.; poids 2 gr. 30. — Trouvée à Tell Ibn es-Salam (Mendès), février 1902 (pl. LXXXVII, groupe A).

Une statuette féminine, les bras tombants; elle a sur la tête un scorpion dont la queue se relève et lui fait un panache. C'est la jambe gauche qui est en avant.

Derrière la figure est une partie verticale qui tient toute la hauteur et qui est percée à la hauteur des seins d'un trou transversal, destiné évidemment à la suspension de cette figurine.

Bibl. : *Journal d'entrée du Musée*, n° 35435.

53505. **Pendeloque.** — Céramique grise. — Haut. 0 m. 027 mill., larg. 0 m. 007 mill., longueur de la plinthe 0 m. 010 mill. 1/2; poids 1 gramme. — Trouvée à Tell Ibn es-Salam (Mendès), février 1902 (pl. LXXXVII, groupe A).

Une petite statuette de Thot debout, les bras tombants, la jambe gauche portée fortement en avant.

Entre les bras et le corps on voit un petit ajour à la hauteur de la taille; au contraire le bec d'ibis et la jambe portée en avant ne laissent pas d'espace libre, et des cloisons ont été réservées pour la solidité.

Bibl. : *Journal d'entrée du Musée*, n° 45436.

53506. **Pendeloque.** — Céramique. — Haut. 0 m. 029 mill., larg. 0 m. 007 mill., longueur de la plinthe 0 m. 010 mill. 1/2; poids 0 gr. 95. — Trouvée à Tell Ibn es-Salam (Mendès), février 1902 (pl. LXXXVII, groupe A).

Une statuette en céramique gris-bleu, figurine à tête de faucon portant sur la tête le disque solaire entre les cornes.

Mêmes détails qu'au numéro précédent. Le trou est à la hauteur du coude. Un petit ajour entre les bras et la taille, et une cloison maintenue entre la jambe gauche portée en avant et la partie verticale postérieure.

Bibl. : *Journal d'entrée du Musée*, n° 35436.

53507. **Pendeloque.** — Céramique. — Haut. 0 m. 026 mill., larg. 0 m. 007 mill., longueur de la plinthe 0 m. 010 mill.; poids 1 gramme. — Trouvée à Tell Ibn es-Salam (Mendès), février 1902 (pl. LXXXVII, groupe A).

Une figure à tête de bélier, les bras tombants, la jambe gauche portée résolument en avant. Là encore nous voyons des ajours entre les bras et la taille, alors que la jambe avancée reste reliée à la partie postérieure rigide qui fait le soutien de la figurine. Nous voyons également le trou placé au même endroit dans cette partie.

Bibl. : *Journal d'entrée du Musée*, n° 35433.

53508. **Pendeloque.** — Pierre. — Haut. 0 m. 025 mill., larg. 0 m. 009 mill.; poids 1 gr. 70. — Trouvée à Tell Ibn es-Salam (Mendès), février 1902 (pl. LXXXVII, groupe A).

Un cartouche surmonté des longues plumes; il est en serpentine verte. Les surfaces du cartouche et des plumes sont unies.

Au revers, le trou de suspension est percé dans une partie longitudinale réservée dans l'axe de la breloque et dans la matière même, lui apportant un élément sérieux de solidité.

Bibl. : *Journal d'entrée du Musée*, n° 35434.

53509. **Pendeloque.** — Cornaline. — Long. 0 m. 020 mill. 1/2, haut. 0 m. 018 mill.; poids 2 grammes. — Trouvée à Tell Ibn es-Salam (Mendès), février 1902 (pl. LXXXVII, groupe A).

Un *oudja* en cornaline (c'est un œil droit). La matière est claire, les contours sont soulignés habilement. L'anneau de suspension, qui est placé horizontalement sur l'*oudja*, est strié.

Le revers est uni.

Bibl. : *Journal d'entrée du Musée*, n° 35440.

Catal. du Musée, n° 52001.

53510. Pendeloque. — Cornaline. — Long. 0 m. 019 mill. 1/2, haut. 0 m. 017 mill.; poids 2 gr. 40. — Trouvée à Tell Ibn es-Salam (Mendès), février 1902 (pl. LXXXVII, groupe A).

Un *oudja* en cornaline très foncée (c'est un œil droit). Il est exécuté avec soin. L'anneau, placé à la partie supérieure, est horizontal et strié en travers. Un trou vertical va rejoindre le trou horizontal. Le revers est uni.

Bibl. : *Journal d'entrée du Musée*, n° 35440.

53511. Pendeloque. — Obsidienne. — Long. 0 m. 020 mill. 1/2, haut. 0 m. 017 mill.; poids 2 gr. 40. — Trouvée à Tell Ibn es-Salam (Mendès), février 1902 (pl. LXXXVII, groupe A).

Un *oudja* en obsidienne (c'est un œil droit) exécuté avec soin. Comme les précédents, il possède un anneau pris dans la matière même; cet anneau est horizontal et strié.

Bibl. : *Journal d'entrée du Musée*, n° 35440.

53512. Pendeloque. — Lapis. — Long. 0 m. 020 mill. 1/2, haut. 0 m. 017 mill.; poids 2 grammes. — Trouvée à Tell Ibn es-Salam (Mendès), février 1902 (pl. LXXXVII, groupe A).

Un *oudja* (œil droit) fait dans une sorte de croûte de lapis. L'exécution est très fine. L'anneau de suspension, placé comme de coutume au-dessus du sourcil, est strié.

Bibl. : *Journal d'entrée du Musée*, n° 35440.

53513. Pendeloque. — Amazonite. — Long. 0 m. 019 mill. 1/2, larg. 0 m. 018 mill.; poids 2 grammes. — Trouvée à Tell Ibn es-Salam (Mendès), février 1902 (pl. LXXXVII, groupe A).

Un *oudja* (œil droit) en amazonite. Le revers est uni. L'exécution est très soignée. L'anneau de suspension, pris dans la matière, est strié en travers.

Bibl. : *Journal d'entrée du Musée*, n° 35440.

53514. Pendeloque. — Jaspe rouge. — Larg. 0 m. 017 mill., haut. 0 m. 014 mill.; poids 1 gramme. — Trouvée à Tell Ibn es-Salam (Mendès), février 1902 (pl. LXXXVII, groupe A).

Un *oudja* d'un jaspe rouge antique, œil à droite, ainsi que les numéros précédents. L'exécution est bonne. Il possède lui aussi l'anneau horizontal strié, placé sur le sourcil.

Bibl. : *Journal d'entrée du Musée*, n° 35440.

53515. Âme. — Argent. — Haut. o m. o42 mill., larg. o m. o54 mill.; poids 2 gr. 10. — Trouvée à Tell Ibn es-Salam (Mendès), février 1902 (pl. LXXXVII, groupe A).

Une âme en argent découpé. La figure étend ses ailes en se tournant à droite.

Cette petite plaque était destinée au décor de la momie. Il s'agit là de travaux très courants et d'un travail médiocre.

Le métal est très altéré (soufre ou chlorure?).

Un petit trou est percé à chaque extrémité des ailes.

Bibl. : *Journal d'entrée du Musée*, n° 44690.

53516 à 53540 inclus. Vingt-cinq pièces. — Or. — Poids total 5 grammes. — Trouvées à Tell Ibn es-Salam (Mendès), février 1902 (pl. LXXXVII, groupe A).

53516-53517. Deux *oudjas.* — Long. o m. o20 mill., haut. o m. o13 mill. 1/2. — Deux *oudjas* en or mince, tous deux à droite. Dans la partie supérieure un anneau est simulé, et un trou est percé au milieu.

53518. Monture d'or. — Long. o m. o23 mill. — Une monture d'or pour une pierre en forme de poire. Elle se compose de quatre petites bandes d'or pliées et reliées ensemble. A la partie supérieure, un anneau fait d'une petite bande semblable, le tout en mauvais état.

53519. Faucon. — Haut. o m. o30 mill., larg. o m. o31 mill. — Une plaque; elle présente un faucon aux ailes ouvertes, mais non déployées. Il tient un sceau dans chaque serre. Sur les ailes on voit l'indication de deux anneaux, lesquels n'ont pas été utilisés. Il est coiffé d'un disque : il y a la trace, presque imperceptible, d'un uræus.

53520. Vautour. — Haut. o m. o14 mill., larg. o m. o38 mill. — Un vautour, les ailes déployées, tient deux sceaux dans ses serres. La tête se détache sur une partie réservée de la plaque, car la minceur de l'or ne permettait pas de la découper. Sur les ailes sont deux petites languettes destinées évidemment aux trous de fixation; en fait il n'y a qu'un trou à côté du cou du vautour.

53521. Grand collier. — Haut. o m. o39 mill., larg. o m. o12 mill. 1/2. — Sur une plaquette d'or mince un collier large est simulé. Il a huit rangs et des deux côtés se prolongent en pointes, mais ne sont pas découpés. La plaque est réservée pour garder la solidité et le trou est percé dans la marge.

53522. Neith. — Haut. o m. o36 mill., larg. o m. o14 mill. — Une déesse Neith, assise sur son symbole et coiffée de la couronne de la Basse-Égypte. Elle est tournée de profil à droite. Un petit trou se voit dans la partie de la plaque conservée autour de la couronne.

53523. Horus. — Haut. o m. o30 mill., larg. o m. o13 mill. — Un Horus assis profil à droite. Il est coiffé du disque et de l'uræus.

53524. Vautour. — Haut. 0 m. 025 mill., larg. 0 m. 027 mill. — Un vautour, profil à droite. Sur le dos, un simulacre d'anneau dans lequel est un trou.

53525. *Aker.* — Long. 0 m. 038 mill., haut. 0 m. 011 mill. — Deux lions associés de façon à n'avoir chacun que la partie antérieure tournée dans les deux sens. Au milieu, un simulacre d'anneau est percé d'un trou.

53526. Plaquette. — Long. 0 m. 027 mill., larg. 0 m. 012 mill. — Une plaquette représente une forme indéfinissable (un estomac?). Une languette dépasse la plaquette dans la partie qui semble être le haut. Un trou est percé vers le milieu de la plaque.

53527. *Dad.* — Haut. 0 m. 032 mill., larg. 0 m. 013 mill. — L'anneau de suspension est figuré au sommet et un petit trou est percé au milieu.

53528. *Âper.* — Haut. 0 m. 029 mill., larg. 0 m. 010 mill. — Un petit trou est percé dans la boucle.

53529. Un bras gauche, plaque triangulaire. — Long. 0 m. 023 mill., haut. 0 m. 017 mill. — Un trou est percé dans le fond.

53530. Uræus. — Haut. 0 m. 024 mill., long. 0 m. 017 mill. — Un uræus profil à droite. Au dos, un simulacre d'anneau percé d'un trou.

53531. Bâton. — Long. 0 m. 020 mill. — Un bâton terminé par une tête de serpent en or. Un trou est près de la tête.

53532. Plaque. — Long. 0 m. 026 mill., larg. 0 m. 006 mill. — Une plaque en longueur, sans sujet appréciable, peut-être une longue perle en forme d'olive. Un trou à l'extrémité la plus mince.

53533. Une figure en forme de gaine, profil à droite, indéfinissable. — Haut. 0 m. 028 mill. — Un trou sur le fond, à la hauteur du cou.

53534. *Ouadj.* — Haut. 0 m. 023 mill., larg. 0 m. 007 mill. 1/2. — Un trou dans la partie lotiforme.

53535. Contrepoids de collier(?). — Long. 0 m. 015 mill., larg. 0 m. 005 mill. — Un trou en haut, près du bord.

53536. Sceptre. — Long. 0 m. 022 mill. — Un trou dans la boucle du sceptre.

53537. Flagellum. — Long. 0 m. 023 mill. et 0 m. 021 mill. — Un trou à l'angle intérieur.

53538. Serpent. — Long. 0 m. 027 mill. — Serpent tourné à droite. Sur le dos, un trou dans un simulacre d'anneau.

53539. Carré de 0 m. 013 mill. de côté. Indications de franges sur un côté. Un trou au côté opposé.

53540. Rectangle. — 0 m. 012 mill. 1/2-0 m. 011 mill. 1/2. — Tout uni. Un trou près d'un côté.

Bibl. : *Journal d'entrée du Musée,* n° 35428, qui comprend les vingt-cinq pièces.

53541 à 53558 inclus. Collier or avec deux pendeloques pierre. — Largeur tel qu'il est présenté 0 m. 230 mill., hauteur tel qu'il est présenté o m. 140 mill. — Trouvé à Saqqarah, tombeau de Péténéith, 1901 (pl. XCIV).

Un collier composé d'un fil très fin (2/10 de millimètre de diamètre). Il porte seize motifs d'or mince, découpés, auxquels sont jointes deux petites figures en croûte de lapis.

Les sujets d'or, en commençant par la gauche de l'examinateur, sont les suivants :

53541. — Vautour, les ailes déployées, tenant dans ses serres le signe ☉. o m. o31 mill. d'envergure.

53542. — Un fragment de serpent. Long. o m. 021 mill.

53543. — Un sceptre en crosse. Long. o m. 024 mill.

53544. — Un *oudja*. o m. 015 mill.

53545. — Un flagellum. o m. 017 mill.

53546. — Une âme à tête de femme. Haut. o m. 024 mill.

53547. — Un bouc. Plus grande dimension o m. o30 mill.

53548. — Un vautour. Plus grande dimension o m. o46 mill.

53549. — Un *dad* (c'est le sujet du milieu). Haut. o m. o53 mill.

53550. — Un collier. Larg. o m. o35 mill.

53551. — Un autre collier plus simple. Larg. o m. o28 mill.

53552. — Une déesse Hathor. Haut. o m. o36 mill.

53553. — Une vache couchée. Long. o m. o20 mill.

53554. — Un uræus ailé. o m. 022 mill. d'envergure.

53555. — Un serpent. Long. o m. 023 mill.

53556. — Un phallus. Long. o m. o31 mill.

53557-53558. — Sur le même fil sont présentées, entre le vautour et le *dad*, deux figurines en mauvaise matière; elles sont l'une à côté de l'autre. Ce sont : Horus et Thot (faucon et ibis). Elles ont o m. 023 mill. de hauteur.

Les plaquettes sont maintenues sur le fil par un ou deux anneaux. Ce sont les colliers qui ont deux attaches.

Les figurines de pierre ont un trou à l'arrière, où passe le fil de suspension.

Le phallus est séparé par absence d'anneau.

Les plaquettes d'or sont décorées aux traits. L'ensemble du travail est comme toujours pour les décors de momies, assez médiocre.

Le phallus et les deux figurines de céramique ne faisaient pas partie de la combinaison et ont été ajoutés après coup. Le phallus était entre les jambes de la momie.

En même temps que ces pièces de collier, sur le même cartel, sont présentées deux petites plaques d'or mince figurant des langues. Ces plaquettes portent le n° 34715 au *Journal d'entrée du Musée* et les n°s 53214 et 53214 *bis* dans le présent *Catalogue*.

XXVI° dynastie.

Bibl. : Le *Journal d'entrée du Musée* va du n° 34702 au n° 34717 inclus, plus le n° 34719; Barsanti, *Annales du Service des Antiquités*, I, p. 267 et suiv.; II, pl. I à IV.

53559 à 53606 inclus. Objets, statuettes, amulettes, scarabées. — Pierres et céramique. — Trouvés à Saqqarah (pl. C).

Ligne du haut :

53559. Chevet. — Obsidienne. — Long. o m. 027 mill., haut. o m. 014 mill., larg. o m. 008 mill. (n° 1).

53560. Carré plat. — Lapis noirâtre. — o m. 011 mill. de côté (n° 2). — Derrière, la pierre, taillée en pyramide, possède, pris dans la matière, l'anneau de suspension.

53561. Scarabée. — Grand axe o m. 020 mill. (n° 3). — Scarabée à tête d'épervier; il semble fait d'une espèce de fritte agglomérée. Le dessous est détaillé et montre les organes du scarabée.

53562. Autre chevet. — Obsidienne. — Long. o m. 021 mill., larg. o m. 007 mill., haut. o m. 012 mill. 1/2 (n° 4).

53563. Grenouille. — Serpentine verdâtre. — Grand axe o m. 014 mill. 1/2, petit axe o m. 011 mill. (n° 5). — Un petit trou est percé dans la partie antérieure, entre les pattes et presque vertical; il sort dans le dessous, qui est plat et uni.

53564. Niveau. — Obsidienne. — Longueur des côtés o m. 017 mill., ouverture de l'angle o m. 018 mill., épaiss. o m. 003 mill. 1/2 (n° 6). — Il a la forme d'un A dont la partie supérieure ne serait pas évidée.

53565. Chevet. — Obsidienne. — Long. o m. 021 mill., larg. o m. 007 mill., haut. o m. 015 mill. (n° 7).

Ligne A :

53566. *Pesesh-kef.* — Substance jaunâtre (?). — Haut. o m. 026 mill., larg. o m. 009 mill. (1, A). — Un anneau pris dans la matière est à l'arrière, sensiblement vers le milieu; cet anneau est vertical.

53567. Bâton. — Cornaline. — Long. o m. 033 mill., diam. o m. 005 mill. 1/2 (1', A). — Un bâton terminé à une extrémité par une tête de serpent et de l'autre par un anneau taillé dans la matière. La tête du serpent n'est pas dans l'axe du bâton; elle a le mouvement ondulatoire particulier à ces animaux.

53568. *Dad.* — Lapis. — Haut. o m. 023 mill., larg. o m. 009 mill. (2', A). — Il est renforcé à l'avers par une partie rigide dans laquelle un trou est percé.

Groupe des trois pièces sous le chevet central :

53569. *Âper.* — La matière semble être une croûte de lapis. — Haut. (l'anneau compris, qui est pris dans la matière) o m. 019 mill. 1/2, larg. o m. 009 mill., épaiss. o m. 005 mill.

53570. Scarabée. — Céramique gris bleuâtre. — Grand axe o m. 016 mill., larg. o m. 011 mill. — Il est détaillé très finement dessus et dessous, où l'on voit un anneau fait de la même matière et venu avec le sujet.

53571. Cartouche. — Haut. o m. 016 mill., larg. o m. 009 mill. — La matière est encore jaunâtre, mais ici l'intervention du lapis est plus importante et donne une indication. Le cartouche est uni sur la face; à la partie postérieure l'anneau est pris dans la matière.

Suite de la ligne A, un peu détournée de la ligne droite. Nous mettrons A' aux deux scarabées qui sont à droite et à gauche de la ligne médiane.

53572. Scarabée. — Lapis impur. — Long. o m. 019 mill., larg. o m. 014 mill., épaiss. o m. 008 mill. (A'). — Le travail de ce scarabée est très soigné. Au-dessous, le trou qui permet la suspension est pris, non pas dans une partie en relief ménagée dans la matière, mais il est percé dans le corps même, n'augmentant pas l'épaisseur du scarabée.

53573. Scarabée. — Serpentine verdâtre. — Long. o m. 019 mill., larg. o m. 014 mill., épaiss. o m. 008 mill. (A'). — L'exécution est aussi bonne que dans le numéro précédent, et l'observation relative au trou de suspension est la même.

Dans la ligne médiane n° 4, du troisième rang au bas de la planche :

53574. Une déesse Selkit, en une matière que l'on rencontre souvent et qui fait songer à du lapis noir ou à de l'obsidienne bleue (émail?). — Haut. o m. o33 mill., longueur de la plinthe o m. 009 mill. 1/2, largeur de la figure o m. 005 mill. 1/2. — La déesse est debout, les bras au corps, la jambe gauche avancée, la droite peu visible; elle est coiffée du scorpion. Derrière elle la matière est conservée droite et rigide; c'est dans cette partie qu'est percé le trou de suspension, sensiblement à la hauteur du cou.

53575. Une déesse. — Céramique bleu turquoise. — Haut. o m. 022 mill., larg. o m. 014 mill., longueur de la plinthe o m. 012 mill. 1/2 (4). — La déesse est sur le genou droit, ses bras sont élevés, les mains ouvertes dépassent la tête, sur laquelle on voit un disque fortement ovalisé. L'espace entre la tête, les bras et le disque est occupé par une cloison de la matière bleu turquoise, pour parer à la fragilité du sujet. La figure est ronde bosse, et l'arrière est travaillé de la même façon que la face. Un anneau de suspension, strié verticalement, est placé à l'arrière au même niveau que la face.

53576. Une déesse. — Céramique gris verdâtre (4, C). — Elle est un peu plus grande que la précédente : haut. o m. 029 mill. 1/2, larg. o m. 017 mill. 1/2, longueur de la plinthe o m. 013 mill. 1/2. L'arrière est soutenu par une partie droite, sans détails, qui renforce la figure; c'est dans cette partie qu'est percé le trou de suspension, à la hauteur du cou.

53577. Amulette. — Céramique. — Haut. (anneau compris) o m. 028 mill., larg. o m. 022 mill., épaiss. o m. 006 mill. (4, D). — Amulette rectangulaire, munie d'un anneau de suspension à la partie supérieure, lequel est venu du même moulage. Le plat est décoré d'une scène représentant Horus enfant entre les déesses Isis et Nephthys. Ce décor est très médiocre; il est exécuté exclusivement aux traits. Les trois personnages sont profils à droite. L'anneau que l'on voit à la partie supérieure est strié verticalement. Le revers est uni.

Ligne B :

53578. Amulette. — Obsidienne. — Haut. o m. 025 mill., largeur à la base o m. 013 mill. 1/2 (1, B). — Sa forme permet de la considérer comme un *pesesh-kef,* ou comme le schéma des deux longues plumes; cependant la première hypothèse est appuyée sur ce fait que l'anneau de suspension est à la partie large et que les longues plumes se verraient à l'envers.

53579. Statuette. — Céramique grise. — Haut. o m. 024 mill., larg. o m. 007 mill., longueur de la plinthe o m. 010 mill. (1-1', B). — Statuette à tête de bélier. Elle est debout, les bras tombants, la jambe gauche en avant. On voit du jour entre les bras et la taille, mais il n'y en a pas entre les jambes. A l'arrière est une partie droite qui soutient la figure et dans laquelle est percé le trou destiné à permettre la suspension.

53580. Horus. — Céramique grise. — Haut. o m. 029 mill., larg. o m. 006 mill., longueur de la plinthe o m. 011 mill. (2, B). — Statuette à tête d'épervier, coiffée de la couronne de la Basse-Égypte. Elle est debout, la jambe gauche avancée. A l'arrière, la matière est en un montant droit qui solidifie la statuette; c'est dans cette partie qu'est percé le trou destiné à la suspension.

53581. Scarabée. — Céramique gris bleuté. — Grand axe o m. 024 mill., petit axe o m. 017 mill. (3', B). — Il est travaillé dessous comme dessus. Un anneau de même matière est ménagé dans le sens du grand axe.

53582. Scarabée. — Cornaline. — Grand axe o m. 022 mill., petit axe o m. 017 mill. 1/2 (4', B). — Travail très simple; le dessous est travaillé sobrement. Le trou de suspension est percé au milieu dans un renflement qui a le sens du petit axe.

53583. Horus. — Céramique gris-bleu. — Haut. o m. 031 mill., larg. o m. 006 mill. 1/2 (5'-6, B). — Il porte les couronnes de la Haute et de la Basse-Égypte. Les bras sont le long du corps, légèrement séparés à la hauteur de la taille; la jambe gauche portée en avant, mais reliée à l'ensemble par une cloison qui assure la solidité; de même la figurine est adossée au dispositif que nous avons vu souvent : une partie rectiligne verticale à laquelle elle est adossée et dans laquelle le trou de suspension est percé (sur la planche on voit entre les jambes un ajour qui n'existe pas en réalité).

53584. Statuette. — Céramique gris bleuté. — Haut. o m. 028 mill. 1/2, larg. o m. 007 mill. (6', B). — Coiffée du disque solaire; elle est en forme de gaine, adossée au dispositif rigide et vertical qui fait la solidité de l'objet et, comme d'habitude, c'est là que nous voyons le trou de suspension.

53585. Plaque. — Amazonite. — Haut. (anneau compris) o m. 028 mill. 1/2, larg. o m. 014 mill. (7, B). — Une plaque rectangulaire en hauteur. L'anneau, pris dans la matière, est strié. Le trou est percé dans le sens de la largeur. Partant de l'anneau et un peu plus large, on voit un schéma de lame de poignard qui suit l'axe du rectangle et vient se terminer en pointe au bas.

Ligne C :

53586. Statuette à tête de bélier. — Céramique gris-bleu. — Haut. o m. 033 mill., larg. o m. 007 mill. 1/2 (1, C). — De même que la plupart de ces statuettes, elle est debout, les bras tombants mais séparés un peu du corps à la hauteur de la taille, la jambe gauche en avant. La partie postérieure est verticale et rigide.

53587. Statuette. — Céramique noirâtre. — Haut. o m. 031 mill., larg. o m. 006

mill. (1', C). — Une statuette coiffée de la couronne de la Basse-Égypte. Elle n'a aucun détail particulier. Arrière rigide et vertical, percé du trou habituel.

53588. Thot. — Céramique gris-bleu. — Haut. o m. 032 mill. 1/2, larg. o m. 009 mill. (2', C). — La figure est debout, les bras tombants, laissant un petit jour à la taille; la jambe gauche est avancée mais reste reliée par une cloison. La figure est adossée à la partie rigide et verticale que nous sommes habitués à voir et dans laquelle le trou est percé; mais ici cette partie s'arrête à la hauteur des pectoraux et la tête encapuchonnée de l'ibis se présente entière, face et revers.

53589. Thouéris. — Obsidienne. — Haut. o m. 022 mill., larg. o m. 006 mill. (3-4, C). — La figure d'hippopotame est dressée les pattes de devant le long du corps, le bas se termine en gaine. Derrière la figure on voit l'anneau taillé dans la matière; dessous, des stries en arêtes de poisson.

53590. Thot. — Émail bleu. — Haut. o m. 027 mill., larg. o m. 008 mill. (4-5, C). — Le dieu est debout, les bras tombants, la jambe gauche portée en avant. Il est adossé à une partie verticale de soutien qui ne monte guère qu'aux épaules, dégageant la tête.

53591. Isis. — Céramique gris-bleu. — Haut. o m. 035 mill., larg. o m. 007 mill. 1/2 (5', C). — Elle est debout, jambe gauche portée en avant, les bras tombants. Petits ajours à la taille. La figure est adossée à une partie verticale rigide qui donne la solidité; dans cette partie est percé le trou de suspension.

53592. Horus. — Céramique gris verdâtre. — Haut. o m. 038 mill., larg. o m. 009 mill. (6, C). — Il est coiffé de la double couronne, ses bras sont tombants, la jambe gauche portée en avant. Adossé à la partie rigide si fréquente et dans laquelle le trou de suspension est percé.

53593. Horus. — Céramique gris-bleu. — Haut. o m. 038 mill., larg. o m. 008 mill. 1/2 (7, C). — Il est coiffé du disque avec uræus. Les bras sont tombants, laissant de petits jours à la taille; la jambe gauche avancée, mais elle n'est pas séparée et reste faisant corps avec la partie arrière rigide et verticale, dans laquelle le trou est percé.

53594. *Ouadj*. — Obsidienne. — Haut. o m. 023 mill., largeur maximum o m. 007 mill. (5-5', A). — Sur la partie lotiforme est un anneau taillé dans la matière et percé d'un trou.

53595. Une tige. — Cornaline. — Long. o m. 027 mill., diamètre au milieu o m. 004 mill. (6, A). — Elle est terminée à une extrémité par une tête de serpent et, au côté opposé, par un anneau taillé dans la matière (voir n° 53567).

53596. *Pesesh-kef*. — Même matière gris jaunâtre que le n° 53566 (7, A). — Il est un peu plus petit (o m. 020 mill. de hauteur et o m. 010 mill. de largeur). Il a un anneau de la même matière au revers; cet anneau est strié en long.

Ligne D :

53597. Amulette. — Céramique gris-bleu. — Haut. (anneau compris) et larg. o m. 021 mill. (1, D). — Amulette rectangulaire. Sur la face on voit Horus enfant entre Isis et Nephthys. Travail très médiocre. Ici le sujet est en relief, alors qu'au n° 53577 il est fait aux traits. Les trois personnages sont aussi profils à droite. L'anneau de suspension, qui est à la partie supérieure du rectangle, est strié.

53598. Statuette. — Céramique gris-bleu. — Haut. o m. 040 mill., larg. o m. 009 mill. 1/2 (1', D). — Un dieu Thot debout, les bras tombants, qui laissent des ajours à la taille. La jambe gauche est portée en avant, mais elle n'est pas isolée, et la partie rigide verticale qui règne à l'arrière de la figure se prolonge pour rejoindre la jambe avancée; le bec lui aussi est soutenu par une partie pleine. Un trou est percé à l'arrière, à la hauteur des coudes environ.

53599. Statuette. — Céramique gris bleuâtre. — Haut. o m. o35 mill. 1/2, larg. o m. 027 mill. 1/2 (2, D). — Un Horus coiffé de la double couronne, debout, les bras tombants, la jambe gauche portée en avant. Partie postérieure pleine et verticale, possède le trou de suspension.

53600. Statuette. — Céramique gris verdâtre. — Haut. o m. o35 mill., larg. o m. 007 mill. 1/2 (4e de la ligne D). — Horus; il porte le disque avec uræus. Même dispositif que les numéros précédents : bras tombants, ajours à la taille, jambe gauche portée en avant, trou percé à l'arrière.

53601. Statuette. — Céramique gris-bleu. — Haut. o m. 042 mill., larg. o m. 008 mill. (5e de la ligne D). — Un autre Horus, entièrement semblable au précédent, sauf les dimensions.

53602. Nephthys. — Céramique gris-bleu. — Haut. o m. 042 mill., larg. o m. 008 mill. 1/2 (4-5, D). — Toujours mêmes observations : bras tombants laissant deux ajours à la taille, jambe gauche portée en avant, partie antérieure, verticale, dans laquelle le trou est percé.

53603. Nephthys. — Céramique gris-bleu. — Haut. o m. o35 mill., larg. o m. 007 mill. (5, D). — A part les dimensions, même description qu'au numéro précédent.

53604. Isis. — Céramique gris-bleu. — Haut. o m. o36 mill., larg. o m. 008 mill. (5'-6, D).

53605. Thot. — Céramique gris-bleu. — Haut. o m. o37 mill., larg. o m. 009 mill. (6, D). — Mêmes observations : bras tombants, ajours à la taille, jambe gauche avancée, partie verticale à l'arrière qui assure la solidité et reçoit le trou.

53606. Amulette. — Haut. (anneau compris) o m. 025 mill., larg. o m. 021 mill. (7, D). — Amulette semblable au n° 53597, sauf les dimensions.

53607 à 53637 inclus. — Trouvés à Saqqarah, tombeau de Péténeith, à l'est de la pyramide d'Ounas, 1901.

53607. *Oudja*. — Serpentine jaunâtre. — Long. o m. 014 mill. 1/2, haut. o m. 011 mill. — Simplement silhouetté, sans gravure aucune. Il est percé dans le sens de la longueur.

53608. Équerre. — Obsidienne. — Longueur des deux côtés o m. 013 mill., larg. o m. 004 mill. — C'est un angle régulier.

53609. Navette. — Agate. — Longueur totale o m. 019 mill., larg. o m. 007 mill. — C'est l'attribut de la déesse Neith. Sur le plat de la face sont gravées trois divisions traversées par des traits en diagonale. Derrière, un anneau est réservé dans la matière même et percé dans le sens de la largeur de la navette.

53610. Grenouille. — Matière verte. — Long. o m. 014 mill. 1/2, haut. o m. 010 mill. — Elle est traitée très simplement et semble avoir souffert. Il n'y a pas trace de trou; sans doute devait-elle être prise dans une monture métallique. La matière est très curieuse et d'un éclat miroitant remarquable.

53611. *Dad.* — Lapis. — Haut. o m. 017 mill. 1/2, larg. o m. 009 mill. — Il est à double face. L'anneau de suspension est pris dans la matière; celle-ci est médiocre.

53612. Une bague à chaton. — Pierre ou céramique jaunâtre en mauvais état. — Plus grande largeur o m. 015 mill., longueur du chaton o m. 012 mill.

53613. *Oudja.* — Même matière et mêmes dimensions que le n° 53607.

53614. *Ouadj.* — Amazonite. — Hauteur totale o m. 029 mill. 1/2, largeurs : à la partie lotiforme o m. 009 mill., au milieu de la longueur o m. 004 mill. 1/2. — Un anneau, pris dans la matière, est sur la partie lotiforme.

53615. Cylindre. — Cornaline. — Longueur totale o m. 023 mill. 1/2, larg. o m. 006 mill. — Cylindre terminé d'un côté par une tête de serpent et de l'autre par un anneau pris dans la matière.

53616. Cœur. — Agate couleur violet foncé. — Longueur totale o m. 020 mill., largeur totale o m. 015 mill. 1/2. — Il est à double face. L'anneau de suspension est à la partie supérieure; le trou est percé dans le sens de la largeur.

53617. Deux longues plumes. — Obsidienne. — Haut. o m. 024 mill., larg. o m. 013 mill. 1/2, épaiss. (anneau compris) o m. 008 mill. — Elles sont non seulement silhouettées, avec les extrémités supérieures s'épanouissant, mais aussi gravées. Un trait profond sépare les deux plumes et des traits plus discrets imitent, de chaque côté, les barbes de plumes. — Au revers, qui est uni, un anneau assez important a été réservé dans la matière; il est percé dans le sens de la largeur du bijou.

53618. *Oudja.* — Jaspe rouge. — Long. o m. 012 mill., haut. o m. 008 mill. — Il est percé dans le sens de la longueur.

53619. Plaque. — Amazonite. — Hauteur totale (anneau compris) o m. 031 mill., largeur du bas o m. 017 mill. 1/2, largeur du haut o m. 016 mill. — Plaque légèrement trapèze. La face, légèrement coussinée, porte, gravé au trait, un *ouadj* qui occupe toute la hauteur du trapèze. L'anneau, qui est pris dans la matière, est au milieu de la partie supérieure; il est percé dans le sens de la largeur.

53620. Deux longues plumes. — Serpentine (?) brunâtre. — Haut. o m. 020 mill., largeurs : du bas o m. 012 mill. 1/2, du haut o m. 010 mill. — Elles sont simples et sans épanouissement à la partie supérieure; elles sont gravées d'un trait au milieu et d'une série de traits de chaque côté qui imitent les barbes de plumes. A l'arrière, qui est uni, on voit un anneau, pris dans la matière, percé dans le sens de la largeur.

53621. Cœur. — Serpentine verte. — Haut. o m. 018 mill., larg. o m. 013 mill., épaiss. o m. 006 mill. 1/2. — Il est à double face. L'anneau de suspension est à la partie supérieure; il est pris dans la matière.

53622. Cylindre. — Cornaline. — Long. 0 m. 020 mill., diam. 0 m. 005 mill. 1/2. — Cylindre terminé d'un côté par une tête de serpent et de l'autre par un anneau pris dans la matière. La cornaline est très claire.

53623. *Ouadj.* — Amazonite. — Semblable au n° 53614, mais celui-ci est en deux morceaux.

53624. Fragment. — Jaspe rouge. — Long. 0 m. 017 mill., grand diamètre aux extrémités 0 m. 005 mill., au milieu 0 m. 003 mill. 1/2. — C'est un motif à section elliptique, aminci au milieu.

53625. *Oudja.* — Agate claire rougeâtre. — Long. 0 m. 012 mill. 1/2, haut. 0 m. 009 mill. — Il est gravé des deux côtés. Le trou de suspension est foré dans le sens de la longueur.

53626. *Oudja.* — Obsidienne. — Long. 0 m. 014 mill., haut. 0 m. 010 mill., épaiss. 0 m. 004 mill. 1/2. — Il est gravé des deux côtés, et percé dans le sens de la longueur.

53627. *Oudja.* — Amazonite. — Long. 0 m. 012 mill. 1/2, haut. 0 m. 010 mill. — La silhouette est simplement découpée et il n'y a pas de gravure sur un côté ou l'autre. L'objet est percé dans le sens de la longueur. L'entrée du trou est éclatée par endroits.

53628. Cylindre. — Cornaline. — Long. 0 m. 020 mill., diam. 0 m. 004 mill. 1/2. — Cylindre terminé d'un côté par une tête de serpent et de l'autre par l'anneau de suspension.

53629. *Ouadj.* — Serpentine jaunâtre ou céramique. — Haut. 0 m. 022 mill., largeur du lotus 0 m. 009 mill., largeur du manche 0 m. 005 mill. — Un anneau de suspension, pris dans la matière et à la partie supérieure sur le motif lotiforme.

53630. Scarabée. — Même matière que ci-dessus. — Grand axe 0 m. 014 mill., petit axe 0 m. 009 mill. 1/2, épaiss. 0 m. 006 mill. 1/2. — Le plat est uni.

53631. *Oudja.* — Obsidienne. — Long. 0 m. 015 mill. 1/2, haut. 0 m. 012 mill., épaiss. 0 m. 005 mill. — Il est gravé des deux côtés.

53632. Scarabée. — Hématite(?). — Grand axe 0 m. 015 mill., petit axe 0 m. 010 mill. 1/2, épaiss. 0 m. 007 mill. — Le plat est uni. Travail grossier.

53633. *Dad.* — Cornaline. — Haut. 0 m. 022 mill. 1/2, larg. 0 m. 010 mill. 1/2, épaiss. 0 m. 003 mill. 1/2. — Il est à double face. L'anneau de suspension, pris dans la matière, est à la partie supérieure.

53634. Scarabée à tête d'épervier. — Croûte de lapis. — Grand axe 0 m. 011 mill. 1/2, petit axe 0 m. 008 mill., épaiss. 0 m. 005 mill. 1/2. — La tête d'épervier ne se devine guère que parce qu'elle est nettement pointue. Bien que le travail de cet objet soit honorable, la petite dimension ne permettait pas une grande précision. Le plat est uni.

53635. *Oudja.* — Agate roussâtre. — Long. 0 m. 015 mill. 1/2, haut. 0 m. 011 mill., épaiss. 0 m. 005 mill. — Il est gravé des deux côtés et percé dans le sens de la longueur.

53636. Plaquette. — Lapis. — Long. 0 m. 010 mill., larg. 0 m. 006 mill. 1/2, épaiss. o m. oo3 mill. 1/2. — Elle est rectangulaire et légèrement coussinée d'un côté. Elle est percée dans le sens de la longueur.

53637. *Ouadj.* — Serpentine(?), céramique(?). — Long. o m. 024 mill., largeur du lotus o m. 009 mill., diamètre de la partie inférieure o m. 005 mill. — Un anneau de suspension, pris dans la matière de l'objet, est à la partie supérieure.

53638. Réseau. — Céramique. — Long. et larg. o m. 21 cent. — Trouvé à Saqqarah, tombeau de Péténeith, 1901.

Un réseau carré composé de petites plaquettes rectangulaires et de perles ovoïdes, le tout en céramique.

Les plaquettes rectangulaires sont au nombre de cent deux, disposées sur douze rangs : six de neuf plaquettes et six de huit; elles sont bleues. Les perles ovoïdes qui les relient sont au nombre de cent soixante-seize, soit onze rangs de seize. Six de ces rangs sont de perles émaillées vertes, les cinq autres sont de perles émaillées bleues.

Les dimensions des plaquettes sont de o m. 009 mill. de hauteur pour o m. 007 mill. de largeur.

Les perles ont o m. 013 mill. de longueur et o m. 003 mill. 1/2 de grosseur au maximum.

Sur les rectangles on voit répétés les noms d'Osiris et le nom propre de Péténeith, alternativement par deux rangées de l'un et deux de l'autre.

Bibl. : *Journal d'entrée du Musée*, n° 34686.

53639 à 53667 inclus. Débris. — Or. — Trouvés à Saqqarah, 1901.

53639. Oiseau. — Larg. o m. 047 mill., haut. o m. 014 mill. — Fragment d'un oiseau, les ailes éployées, paraissant tenir dans ses serres deux signes Ω. La tête a disparu. Sur l'aile droite on voit une petite languette percée d'un trou.

53640 à 53644. Quatre *oudja*. — Longueur moyenne o m. 017 mill. — Cinq *oudja*, un droit et quatre gauche, tous dans un état lamentable. Un seul a gardé son anneau de suspension, d'ailleurs écrasé; un autre est arraché; les trois derniers ont des petites languettes percées d'un trou.

53645-53646. Vautours. — Haut. o m. 017 mill., larg. o m. 022 mill. — Deux vautours, profil à droite. Ils ont sur le dos une petite languette où est le trou pour les fixer; celui qui est à gauche sur le cartel a la tête en partie arrachée.

53647 à 53651. Plaquettes. — Haut. de 20 à 22 millimètres, larg. de 8 à 9 millimètres. — Cinq plaquettes : elles représentent Khonsou(?) tenant le sceptre, coiffé du disque entre les cornes de vache, toutes les cinq profil à gauche. Quatre ont chacune une languette derrière elles où le trou est percé, la cinquième a le trou à même la plaque.

53652. Plaquette. — Long. o m. 012 mill., haut. o m. 008 mill. — Une plaquette rectangulaire représentant vaguement un *oudja* gauche. Une petite languette sur la partie supérieure est percée d'un trou.

53653. Petit *oudja*. — Obsidienne. — Long. 0 m. 007 mill. — Il est simplement silhouetté; un petit fil d'or plat le traverse horizontalement.

53654. Feuille d'or. — Long. 0 m. 029 mill., larg. 0 m. 013 mill. — Une feuille d'or en mauvais état. Semble être une langue ou un bout de doigt. Une extrémité est légèrement arrondie; l'autre, au contraire, est un peu entaillée.

53655. Fragment de plaquette. — Largeur maximum 0 m. 017 mill. — Fragment d'une petite plaquette représentant un collier. De vagues traces aboutissent à une seule tête de faucon, l'autre est arrachée.

53656. Cœur. — Haut. 0 m. 012 mill. — Un cœur en or. Deux moitiés de cœur réunies par un fil passant par un petit anneau soudé au sommet. Les deux moitiés sont déformées et ne se présentent plus en face l'une de l'autre.

53657. Plaquette. — Haut. 0 m. 014 mill., larg. 0 m. 010 mill. — Une plaquette rectangulaire, sur laquelle est repoussé très sommairement un cœur ayant au sommet l'indication d'un anneau. C'est dans cet anneau que l'on a percé le trou.

53658. Débris d'or. — Haut. 0 m. 012 mill., larg. 0 m. 010 mill. — Débris d'or en forme d'extrémité de bout de doigt.

53659. Débris de même nature. — 0 m. 011 mill. sur 0 m. 010 mill.

53660. — — 0 m. 013 mill. sur 0 m. 011 mill.

53661. — — 0 m. 011 mill. sur 0 m. 008 mill.

53662. — — 0 m. 012 mill. sur 0 m. 009 mill.

53663. Une demi-boule en or, en mauvais état. — Plus grande largeur 0 m. 009 mill.

53664. Un débris illisible, en longueur. Trou à une extrémité. Long. 0 m. 019 mill.

53665. Poignée. — Long. 0 m. 025 mill., largeurs 0 m. 007 mill. et 0 m. 003 mill. 1/2. — Une sorte de poignée terminée des deux côtés par une fleur de papyrus épanouie. Un petit trou est percé à une extrémité.

53666. Un débris illisible, en longueur. — 0 m. 020 mill. et 0 m. 003 mill. 1/2. — Un trou et une déchirure à une extrémité.

53667. *Dad*. — Haut. 0 m. 018 mill., larg. 0 m. 006 mill. — Un *dad* en or. Un petit trou au sommet.

53668. Revêtement de momie. — Or, pierre et céramique. — Hauteur totale 1 m. 45 cent., largeur maximum 0 m. 46 cent. — Recomposé par M. Daressy avec les éléments provenant de la tombe de Zannehibou. — Trouvé à Saqqarah, fouilles Barsanti (pl. CIII).

Un revêtement de momie. Il se compose :

1° De la tête : masque, coiffure et barbe;

2° D'un collier *ousekh;*

3° De la déesse Nout et d'une inscription verticale partageant le réseau, ainsi que quatre divinités qui sont sur les deux côtés;

4° Du réseau.

La tête a o m. 26 cent. de hauteur; elle est faite d'une plaque d'or repoussé. Les yeux sont en feldspath, les prunelles en obsidienne, les paupières et les sourcils en lapis-lazuli. La coiffure est ornée de quatre traits de couleur qui sont dans des cloisonnages profonds. La matière qui garnissait ces cloisonnages et qui, d'ordinaire, est bleue pour les coiffures, est maintenant d'un noir verdâtre qui ne nous donne aucune indication; elle est d'ailleurs en très mauvais état et la plus grande partie manque. Cette coiffure encadre le visage et vient pendre de chaque côté de la barbe, s'arrêtant sur la même ligne que l'extrémité de celle-ci.

Le collier est constitué par dix-huit rangs de perles de formes diverses qui viennent s'insérer sous deux têtes de faucons en or repoussé. Il a o m. 11 cent. de largeur. Les éléments sont :

Sept rangs de perles cylindriques d'environ o m. 008 mill. de longueur pour o m. 002 mill. de diamètre; il y en a quatre rangs en lapis et trois en amazonite.

Huit rangs de petites perles d'or de o m. 002 mill. 1/2 de diamètre.

Un rang de petites perles rondes or et amazonite.

Un rang de perles en forme de larmes; elles sont dorées. Le dessous semble être du cuivre.

Un rang, enfin, de perles rondes en lapis, mêlées de quelques perles d'or.

Les deux têtes de faucons sont à une distance maximum de o m. 39 cent. : la distance la moindre est de o m. 21 cent. 1/2. La largeur du collier est de o m. 11 cent.

La dimension des têtes de faucons est de o m. 09 cent. de largeur pour o m. 06 cent. 1/2 de hauteur.

Sous le collier on voit la déesse Nout, portant le disque, à genoux sur le droit, les bras étendus et les ailes éployées. La tête est profil à droite. Elle a o m. 26 cent. 1/2 d'envergure et o m. 11 cent. de hauteur.

Verticalement et du milieu de la base de la déesse descend une bande d'or de o m. 69 cent. de longueur et de o m. 04 cent. de largeur. Cette bande d'or montre trois raccords en charnière (indiqués ci-contre par un double filet ═══); elle vient à o m. 15 cent. des extrémités du réseau. Sur cette bande on lit l'inscription ci-contre. C'est une prière à la déesse du ciel; nous retrouvons aussi le nom du chef des navires que nous avons déjà vu sur un faucon appartenant à la même trouvaille. Il est probable que la partie qui manque au bas contenait le nom de la mère.

De chaque côté de la bande hiéroglyphique on voit, à la droite (de la momie) les divinités Amset et Douamoutef; à gauche les divinités Hapi et Qebeḥsenouf, toutes les quatre en or repoussé. Elles ont o m. 15 cent. de hauteur.

Enfin le réseau est composé de perles en fuseau de o m. 015 mill. environ de longueur et de o m. 002 mill. 1/2 à la partie renflée. La proportion des matériaux mis en service est de un pour l'or, quatre pour le lapis et un pour l'amazonite. Mais tous les croisements sont protégés par une perle d'or ronde et plate; là aussi il est vraisemblable que ces perles sont simplement du cuivre doré.

Enfin, le réseau est bordé, depuis la coiffure jusqu'à o m. 15 cent. des extrémités, par une série de petits rectangles qui sont enfilés dans la proportion suivante : un d'or, quatre de lapis et un d'amazonite.

L'or employé est mince; toutefois le travail qu'il a subi l'a raidi (écroui) et il a une tenue assez remarquable.

Les matières colorées sont les unes des pierres naturelles, et les autres de la céramique ou de l'émail.

L'or pour les perles est un simple revêtement de feuilles d'or collées.

XXVIe dynastie.

53669. Pectoral. — Or et pierres. — Largeur totale mesurée horizontalement o m. 098 mill., largeur mesurée verticalement o m. 032 mill.; poids 57 grammes. — Trouvé à Toukh el-Garamous, 1905 (pl. XCIX).

Un très beau bijou représentant un collier du type «large». C'est une plaque d'or découpée sur laquelle sont disposés des rangs concentriques de cloisons. Il y a six rangs, qui aboutissent de chaque côté à deux cloisons occupant les extrémités dans le sens de la largeur.

Le mode de support se compose de deux têtes de faucons, profils droite et gauche, disques sur la tête, d'où partent les petites chaînes de suspension. Ces têtes sont faites au repoussé. Le faucon de gauche a perdu la coupelle qui figurait le disque. Les cous sont décorés de cloisons au nombre de onze.

Ces cloisons épousent la forme du cou et vont en s'élargissant de la tête à la ligne de raccord avec le bijou. Elles sont garnies de lapis.

En détaillant le collier nous voyons six rangs concentriques de cloisons qui sont, ou étaient, garnies de pierres calibrées (lapis et amazonite) :

Le premier et le cinquième rang sont décorés de pierres étroites de couleurs alternées;

Le second et le quatrième montrent des dents de scie;

Le troisième a dix *oudja* (cinq droit et cinq gauche), tous en lapis, les fonds en amazonite;

Enfin le dernier rang, continuant l'imitation d'un grand collier, simule des perles ovoïdes. Les vestiges nous indiquent que toutes les cloisons imitant les perles étaient garnies d'amazonite et les entre-deux de lapis.

Les deux cloisons transversales limitant tout le système du collier étaient garnies chacune de deux pierres de lapis séparées par trois groupes de trois pierres étroites, deux en amazonite et une en lapis.

Les têtes de faucons qui terminent le tout sont réunies au collier par des éléments de charnières qui pénètrent dans le collier, entre des éléments semblables. Un fil d'or passé dans ces portions de tubes fixe le tout.

Les petites chaînes sont réunies au bijou par des charnières dont deux éléments sont fixés sur les disques, et les anneaux qui prennent place entre les deux appartiennent aux chaînettes.

Ces petites chaînes ont o m. o53 mill. de longueur; leurs extrémités sont munies, l'une d'un anneau et l'autre d'un crochet. Ce sont des chaînettes du système «colonne double[1]».

Époque ptolémaïque.

Bibl. : *Journal d'entrée du Musée*, n° 38084; Maspero, *Guide du Visiteur*, 1914, p. 428, n° 4171; *ibid.*, 1915, p. 440, n° 4171.

53670. Chaîne. — Or. — Longueur totale o m. 98 cent., diamètre moyen o m. 007 mill., diamètre du fil o m. 001 mill. 1/2; poids 340 grammes. — Trouvée à Toukh el-Garamous, 1905 (pl. XCIX).

Une très belle chaîne, d'une robustesse remarquable et d'une conservation absolue; elle est du type «colonne simple»[2]. Le fil employé est d'un diamètre important (un peu plus de 1 mill. 1/2). L'aspect est somptueux.

Cette chaîne possède à ses extrémités deux têtes de bélier(?) qui sortent d'une tubulure légèrement conique. Ces têtes tiennent dans leurs gueules chacune *deux* anneaux, qui sont réunis les uns aux autres par deux autres anneaux indépendants. Tout le système est d'une solidité incroyable.

Époque ptolémaïque.

Bibl. : *Journal d'entrée du Musée*, n° 38083; Maspero, *Guide du Visiteur*, 1914, p. 428, n° 4170; *ibid.*, 1915, p. 440, n° 4170.

53671. Coupe. — Argent. — Diamètre maximum o m. 26 cent., hauteur maximum o m. o4 cent.; poids 517 grammes. — Trouvée à Toukh el-Garamous, 1905 (pl. CXIII).

Une coupe circulaire dont le fond est légèrement incurvé, la panse arrondie et le bord épanoui; celui-ci donne le plus grand diamètre.

La décoration est faite de dix-huit ornements en forme d'olives pointues dont les parties aiguës sont tournées vers le centre. Ces ornements sont exécutés au «repoussé». La zone qu'elles occupent a une largeur de o m. o5 cent., laissant au milieu de la

(1) Voir É. Vernier, *La bijouterie et la joaillerie égyptiennes*, dans les *Mémoires de l'Institut français d'Archéologie orientale du Caire*, t. II, p. 94 et seq.

(2) É. Vernier, *La bijouterie et la joaillerie égyptiennes*, p. 94 et seq. et pl. XII, n° 3.

coupe un espace de o m. 12 cent. de diamètre. Leurs reliefs, qui atteignent o m. 011 mill. dans les parties les plus saillantes, sont donnés de l'intérieur de la coupe à l'extérieur. Le métal, dont l'épaisseur est très difficile à déterminer exactement à cause de son état lamentable, est d'environ 6/10 de millimètre au centre; le bord, renforcé, donne o m. 002 mill. 1/2.

Le centre, à l'intérieur et à l'extérieur, est décoré d'une rosace à six feuilles lancéolées entourées de deux cercles, le tout exécuté aux traits. La rosace intérieure a o m. 083 mill. de diamètre et celle de l'extérieur o m. 077 mill. de diamètre.

Comme toute l'argenterie trouvée à Toukh el-Garamous, cette pièce est en très mauvais état.

Bibl. : *Journal d'entrée du Musée*, n° 38106.

53672 à 53692 inclus. Sur une planchette, vingt et un objets. — Or et argent. — Trouvés à Saqqarah.

53672. Breloque. — Or et pierre. — Hauteur totale o m. 024 mill., largeur maximum o m. 012 mill.; poids 1 gramme. — Une breloque composée d'un *dad* en lapis très altéré, serti dans une enveloppe d'or et surmonté d'une couronne *atef*. Cette couronne est faite de trois cloisons remplies d'une substance méconnaissable. Le *dad* a o m. 015 mill. de hauteur et o m. 006 mill. de largeur maximum; il est emboîté dans une garniture d'or. Le trou de suspension traverse le haut en même temps que la feuille d'or qui le sertit. Il est probable que cet objet faisait partie d'une série composant un collier.

Bibl. : *Journal d'entrée du Musée*, n° 35376; Barsanti, *Annales du Service des Antiquités*, III, p. 211.

53673. Uræus ailé. — Or. — Haut. o m. 009 mill., largeur totale o m. 016 mill.; poids 30 centigrammes. — Un très petit bijou découpé dans une plaquette d'or, laquelle a été renforcée, à la hauteur de la tête, d'une autre petite plaque. La queue est faite d'un fil d'or rapporté. L'anneau de suspension a été arraché, mais les deux départs se voient sur le dos de l'uræus. Le décor est fait au tracé.

53674. Uræus double (breloque). — Or. — Haut. o m. 010 mill., larg. o m. 007 mill.; poids 50 centigrammes. — Breloque découpée dans une plaque d'or; elle représente un uræus double se terminant en une seule queue. Les têtes sont renforcées et un anneau de suspension est soudé au dos, au point de rencontre des deux corps. La queue a été rapportée.

53675. *Ânkh*. — Or. — Haut. o m. 007 mill., larg. o m. 005 mill. — Un *ânkh* découpé dans une petite feuille d'or très mince. Un petit anneau est soudé au revers.

Bibl. : *Journal d'entrée du Musée*, n° 35369; Barsanti, *Annales du Service des Antiquités*, III, p. 211.

53676. Plaque informe. — Argent doré. — Hauteur maximum o m. 018 mill., larg. o m. 017 mill. — Une petite plaque qui paraît être d'argent doré. C'est un débris dont il semble impossible de faire l'identification : on voit deux cavités en forme de trapèzes, quelques stries sur les bords (?).

53677. Breloque. — Or. — Haut. 0 m. 016 mill. 1/2, larg. 0 m. 011 mill.; poids 1 gr. 1/2. — Une breloque composée d'un chaton central vide, surmonté de la couronne *atef* et de deux cynocéphales se tenant à droite et à gauche du chaton. La couronne est construite en cloisonné : les cloisons sont vides. Un anneau est au sommet. L'ensemble porte sur le bord d'une plaque d'or rectangulaire qui se continue à l'arrière.

Bibl. : *Journal d'entrée du Musée*, n° 35362; Barsanti, *Annales du Service des Antiquités*, III, p. 211.

53678 [1]. Breloque (tête de bélier). — Or. — Haut. 0 m. 006 mill., larg. : de face 0 m. 003 mill. 1/2; poids 9 décigrammes. — Une tête de bélier construite en plusieurs parties. Les deux côtés ont été faits au repoussé, puis soudés ensemble; les cornes ont été rapportées. Enfin l'ouverture entre les deux parties à la hauteur du cou a été masquée par une petite plaque d'or et un anneau soudé sur la tête. Ce travail, qui est d'une excellente exécution, est vraiment remarquable, surtout à cause des dimensions si minimes.

Bibl. : *Journal d'entrée du Musée*, n° 35372; Barsanti, *Annales du Service des Antiquités*, III, p. 211.

53679. Breloque (vautour). — Or. — Haut. 0 m. 005 mill., larg. 0 m. 016 mill.; poids 4 décigrammes. — Un très petit vautour, tête à droite, les ailes étendues. Le corps et la tête ont été doublés comme épaisseur. Deux anneaux plats sont soudés au revers des ailes. Tout est décoré au tracé. Travail très soigné.

Bibl. : *Journal d'entrée du Musée*, n° 35365; Barsanti, *Annales du Service des Antiquités*, III, p. 211.

53680. Breloque (cœur). — Or. — Haut. 0 m. 014 mill., larg. 0 m. 005 mill. 1/2, épaiss. 0 m. 003 mill. — Un cœur. La forme de vase est très accentuée. L'anneau de suspension est au sommet; il est décoré de stries tracées.

Bibl. : *Journal d'entrée du Musée*, n° 35375; Barsanti, *Annales du Service des Antiquités*, III, p. 211.

53681. *Oudja.* — Argent. — Haut. 0 m. 014 mill., larg. 0 m. 016 mill. — Un *oudja* (œil droit). Travail au tracé très médiocre. Petites pièces de revêtement extérieur de cercueil de momie.

Bibl. : *Journal d'entrée du Musée*, n° 35379; Barsanti, *Annales du Service des Antiquités*, III, p. 211.

[1] Certains objets minuscules attirent l'attention et appellent quelque précision dans les termes descriptifs. Tels petits bijoux qui, au premier aspect, paraissent taillés, ou fondus et ciselés ensuite, sont «construits», c'est-à-dire qu'ils ont été exécutés en différentes parties rapportées.

Cette manière de faire, qui est d'une difficulté remarquable, peut avoir plusieurs buts : 1° économie de métal; 2° économie de poids. Il est probable aussi que le peu d'abondance de l'or est pour quelque chose dans le choix du procédé. A certaines époques la pénurie de la matière première est évidente. L'adoption du mot «construit», venant s'ajouter aux mots «fondu» ou «taillé», était donc utile.

53682. Breloque. — Or. — Semblable à celle portant le n° 53677. Une matière indéfinissable garnit en partie le chaton.

BIBL. : *Journal d'entrée du Musée*, n° 35362; BARSANTI, *Annales du Service des Antiquités*, III, p. 211.

53683. Breloque (une figure assise). — Or. — Haut. 0 m. 014 mill.; poids 6 décigrammes. — Une déesse assise. Elle est faite de divers morceaux soudés ensemble avec une grande habileté; elle est posée sur une plinthe rectangulaire, coiffée du disque lunaire. Un anneau de suspension est soudé derrière, à la hauteur des épaules.

53684. Breloque (vautour). — Or. — Semblable à celui qui porte le n° 53679, mais tête à gauche, le corps moins nettement indiqué par la ciselure.

BIBL. : *Journal d'entrée du Musée*, n° 35365; BARSANTI, *Annales du Service des Antiquités*, III, p. 211.

53685. Breloque (nœud de ceinture?). — Or. — Haut. 0 m. 014 mill., larg. 0 m. 005 mill.; poids 5 décigrammes. — Une petite plaque d'or découpée en forme de boucle d'Isis. Un anneau est soudé au sommet.

BIBL. : *Journal d'entrée du Musée*, n° 35370; BARSANTI, *Annales du Service des Antiquités*, III, p. 211.

53686. Épervier. — Argent. — Haut. 0 m. 015 mill., larg. 0 m. 021 mill. — Une petite plaquette d'argent où un épervier aux ailes éployées est grossièrement indiqué. La plaque est découpée à une certaine distance des traits. Deux languettes, réservées dans la partie supérieure, ont été roulées pour former anneaux.

BIBL. : *Journal d'entrée du Musée*, n° 35365; BARSANTI, *Annales du Service des Antiquités*, III, p. 211.

53687. Uræus. — Or. — Haut. 0 m. 006 mill. 1/2, larg. 0 m. 003 mill. — Il est fait d'une petite plaque d'or renforcée à la tête. Un anneau de suspension est soudé sur le cou. Le décor est fait de quelques traits tracés.

53688. *Oudja*. — Argent. — Les dimensions sont extrêmement petites : haut. 0 m. 003 mill., larg. 0 m. 003 mill. 1/2, épaiss. 6/10 de millimètre. — Ce bijou minuscule est décoré, des deux côtés, au tracé. Il est présenté l'œil à droite. Malgré la médiocrité de l'épaisseur, c'est pourtant dans cette épaisseur qu'est percé le trou qui permettait de suspendre le bijou; le trou le traverse dans le sens de la largeur.

BIBL. : *Journal d'entrée du Musée*, n° 35379; BARSANTI, *Annales du Service des Antiquités*, III, p. 211.

53689. Vautour. — Or. — Haut. 0 m. 005 mill. 1/2, épaiss. 0 m. 002 mill. — Un petit vautour. Il est au repos, placé sur une petite plaquette d'or qui sert de plinthe. Malgré ses dimensions minuscules, ce petit objet est «construit»; les deux côtés ont été faits à part et le tout posé sur la plinthe.

BIBL. : *Journal d'entrée du Musée*, n° 35374; BARSANTI, *Annales du Service des Antiquités*, III, p. 211.

53690. Uræus. — Or. — Haut. 0 m. 014 mill., largeur maximum 0 m. 003 mill. 1/2. — Un uræus découpé dans une petite plaquette. La tête a été renforcée et la queue soudée à part.

53691. Un petit *oudja*. — Or. — Semblable au n° 53688. Celui-ci est présenté à gauche.

53692. Faucon. — Or. — Haut. 0 m. 006 mill. 1/2. — Un faucon plus fin que les précédents. Il ne donne pas l'impression d'une bête de proie. Le bec n'est pas d'un aspect sauvage. Il est construit, c'est-à-dire fait de différentes parties et posé sur une plaquette faisant plinthe. L'anneau de suspension est plat; il est soudé sur le cou.

53693-53694. Bracelet en deux parties. — Or et pierres. — Longueur des fragments 0 m. 075 mill., larg. 0 m. 014 mill.; poids 9 grammes. — Trouvé à Saqqarah.

Deux fragments de bracelet. Chacun est composé d'une bande d'or de 0 m. 075 mill. de longueur et de 0 m. 014 mill. de largeur, sur lesquelles sont disposées, dans le sens de la longueur, quatre cloisons, interrompues, dans chaque fragment, par trois groupes de trois cloisons formant des rectangles verticaux dans le sens de la largeur.

Aux extrémités des deux fragments se trouvent des anneaux horizontaux apparents qui indiquent que des dispositifs intermédiaires prenaient place entre ces deux portions de bracelet.

Les dimensions du bijou étant très petites, il est possible que des chaînettes aient été employées pour réunir les deux côtés du bijou, ce qui permettait de régler sa dimension.

La partie métallique du bijou, bien qu'en mauvais état, est parfaitement visible; mais les matières qui garnissaient les cloisons sont absolument indéfinissables : elles ont été noyées dans le bitume.

Époque saïte.

Bibl. : *Journal d'entrée du Musée*, n° 35928.

53695 à 53731 inclus. Sur une planchette, trente-sept débris. — Or. — Trouvés à Saqqarah.

Tous ces débris sont faits de feuilles d'or d'un poids inappréciable. Les indications sont obtenues en poussant la feuille d'or, d'une minceur extrême, dans des creux d'une substance quelconque (du plâtre sans doute); on ne voit même pas de trou ayant permis de les fixer, et ils ont dû être collés. Des traces figurant des anneaux se rencontrent parfois, mais le métal n'est pas troué.

53695. *Milieu de la ligne du haut.* — Un uræus ailé à tête humaine, profil à droite. Comme tous les objets groupés ici, il s'agit d'indications sommaires et dont les silhouettes ne sont pas découpées; de grandes parties de fond restent autour des sujets. — Haut. 0 m. 030 mill., larg. 0 m. 038 mill.

53696. Un large collier avec des traces de têtes de faucons surmontées du disque et cinq rangs de traits. — Haut. 0 m. 027 mill., larg. 0 m. 035 mill.

53697. Un *tat* au milieu avec un cynocéphale de chaque côté, vus de profil, dans un geste d'adoration. — Haut. 0 m. 035 mill., larg. 0 m. 050 mill.

53698. Un faucon, profil à droite, coiffé du disque, ailes ouvertes. Il tient dans ses serres le sceau de l'éternité. — Haut. 0 m. 029 mill., larg. 0 m. 033 mill.

53699. Un vautour aux ailes déployées, profil à droite, tient dans ses serres le sceau de l'éternité. — Haut. 0 m. 014 mill., larg. 0 m. 040 mill.

53700. Une âme humaine ailée. — Haut. 0 m. 024 mill., larg. 0 m. 036 mill.

53701. Un chat assis, profil à droite. — Haut. 0 m. 025 mill., larg. 0 m. 023 mill.

53702. Figure assise, profil à droite. Déesse Neith, avec la couronne de la Basse-Égypte.

53703. Figure debout, profil à droite. Tête de génisse coiffée de deux longues plumes posées sur un disque, avec les deux cornes.

53704. (?) Sortes de poignards croisés.

53705. Figure assise. — Haut. 0 m. 030 mill., larg. 0 m. 012 mill.

53706. Plaque indéfinissable. — Haut. 0 m. 019 mill., larg. 0 m. 013 mill.

53707. «Disque sur la montagne.» — Haut. 0 m. 012 mill., larg. 0 m. 013 mill.

53708. Uræus dressé, profil à droite. — Haut. 0 m. 026 mill., larg. 0 m. 023 mill.

53709. Un rectangle. — Haut. 0 m. 018 mill., larg. 0 m. 009 mill.

53710. Bras droit sommairement indiqué. — Long. 0 m. 029 mill., haut. 0 m. 016 mill.

53711. Flagellum, plaque découpée en Z. — Largeur maximum 0 m. 021 mill., hauteur maximum 0 m. 020 mill.

53712. Faucon au repos, profil à droite. — Haut. 0 m. 025 mill., larg. 0 m. 027 mill.

53713. Hiéroglyphe (étoffe) . — Haut. 0 m. 030 mill., larg. 0 m. 016 mill.

53714. Scarabée. — Haut. 0 m. 022 mill., larg. 0 m. 016 mill.

53715. Qebeḥsenouf debout, profil à droite. — Haut. 0 m. 029 mill., larg. 0 m. 008 mill.

53716. Plaquette. — Or(?). — Long. 0 m. 025 mill., larg. 0 m. 011 mill.

53717. Serpent. — Long. 0 m. 024 mill., larg. 0 m. 011 mill.

53718. *Aker.* — Haut. 0 m. 011 mill., larg. 0 m. 036 mill.

53719. Khonsou assis, profil à droite. Sur la tête, le disque lunaire et l'uræus. — Haut. 0 m. 030 mill., larg. 0 m. 013 mill.

53720. Hapi debout, profil à gauche. — Haut. 0 m. 029 mill., larg. 0 m. 008 mill.

53721. Amset debout, profil à droite. — Haut. 0 m. 025 mill., larg. 0 m. 005 mill.

53722. Cœur. — Haut. 0 m. 014 mill., larg. 0 m. 012 mill.

53723. Collier à huit rangs. — Haut. 0 m. 031 mill., larg. 0 m. 018 mill.

53724. *Aper.* — Haut. 0 m. 019 mill., larg. 0 m. 006 mill.

53725. Bras gauche. — Haut. 0 m. 017 mill., larg. 0 m. 023 mill.

53726. Vautour, profil à droite. — Haut. 0 m. 024 mill., larg. 0 m. 026 mill.

53727. Boucle de ceinture. — Haut. 0 m. 020 mill., larg. 0 m. 009 mill.

53728. *Oudja* droit. — Haut. o m. 014 mill., larg. o m. 021 mill.

53729. Douamoutef debout, profil à gauche. — Haut. o m. o3o mill., larg. o m. 009 mill. 1/2.

53730. Serpent. — Long. o m. 018 mill., haut. o m. 006 mill.

53731. Oiseau à tête humaine, au repos, profil à droite. — Haut. o m. o33 mill., largeur à la base o m. 028 mill.

53732. Faucon à tête humaine. — Or et pierres. — Haut. o m. 021 mill., larg. o m. 041 mill.; poids 2 grammes. — Trouvé à Saqqarah.

Un petit faucon à tête humaine, profil à droite, tenant des sceaux dans ses serres.

Il est entièrement construit sur une feuille d'or donnant la silhouette.

La tête, les pattes, les serres et les sceaux sont faits de plaques rapportées.

Le corps, les ailes et la queue sont entièrement faits de cloisons qui sont encore en bon état; mais ces cloisons sont presque toutes vides, et il est impossible de déterminer la nature des matières qui les garnissaient. Il semble pourtant que l'on voit quelques traces de lapis.

Le revers est uni. Un anneau vertical est soudé à la hauteur de la naissance du cou, entre les deux ailes; cet anneau unique semble bien indiquer une pièce de collier.

Époque saïte.

Bibl. : *Journal d'entrée du Musée*, n° 36786.

53733 à 53737 inclus. — Sur un même fil.

53733. Isis. — Or. — Haut. o m. 015 mill., largeur maximum o m. 007 mill.; poids 2 grammes. — Statuette d'Isis assise; elle tient sur ses genoux l'enfant Horus. Un anneau solide et apparent est placé derrière le groupe.

53734. *Dad.* — Céramique verdâtre dorée. — Haut. o m. 021 mill. 1/2, largeur maximum o m. 014 mill., épaiss. o m. 004 mill. — Il ne reste que très peu de l'or qui le décorait. L'anneau, qui est fait dans la matière même, est à la partie supérieure.

53735. Divinité (Râ). — Fait d'une matière médiocre (lapis?). — Haut. o m. 015 mill., plinthe o m. 006 mill. — Il est debout, la jambe gauche en avant. Un trou est percé derrière, à la hauteur du coude, dans la partie verticale réservée comme d'habitude.

53736. *Âper* [hiéroglyphe]. — Or. — Haut. o m. 012 mill. 1/2, larg. o m. 004 mill. — Un *âper* fait d'une feuille d'or simple. Il est strié dans le sens de la hauteur et en travers par trois groupes de trois traits horizontaux. Un anneau est soudé au revers dans la partie supérieure.

53737. *Oudja* (œil droit). — Matière jaunâtre. — Long. o m. 009 mill., haut. o m. 007 mill., épaiss. o m. 002 mill. 1/2. — Un trou est percé dans le sens de la largeur. Cet objet a été doré; il ne reste qu'une petite trace au revers.

53738. Un petit collier. — Or et perles de céramique. — Long. 0 m. 31 cent. (environ); poids 9 gr. 1/2. — Trouvé à Saqqarah.

Vingt motifs or et vingt perles. Les vingt motifs or sont :

1° *Dad.* — Or. — Haut. 0 m. 011 mill., larg. 0 m. 004 mill. 1/2. — Feuille d'or simple munie d'un anneau vertical au revers.

2° Petit vautour. — Or. — Haut. 0 m. 006 mill., long. 0 m. 007 mill. — Il est construit en ronde bosse. Sur le dos, un anneau vertical.

3° *Âper* [hieroglyph]. — Haut. 0 m. 013 mill., larg. 0 m. 005 mill. 1/2. — Feuille d'or légère avec anneau au revers. Elle est divisée horizontalement par trois rangs de trois traits chacun, et les parties ainsi séparées sont striées verticalement.

4° Vautour. — Envergure 0 m. 013 mill., haut. 0 m. 008 mill. — Petit vautour aux ailes éployées; il tient les deux sceaux. Anneau vertical au revers.

5° Boucle de ceinture. — Haut. 0 m. 011 mill. — Feuille simple. Anneau vertical au revers.

6° Un autre petit vautour semblable au n° 2.

7° Phallus. — Long. 0 m. 015 mill. — Feuille d'or simple. Un anneau au revers.

8° Divinité assise. — Haut. 0 m. 008 mill. — Tête de faucon et coiffée du disque, avec anneau de suspension au dos.

9° Petit serpent. — Long. 0 m. 020 mill. — Fait d'une feuille d'or simple. Anneau vers le milieu du corps au revers.

10° Un croisillon × en croix de Saint-André. — Dimension maximum 0 m. 014 mill. — Feuille d'or simple. Un anneau au croisement des deux tiges.

11° Un poignard. — Long. 0 m. 012 mill. 1/2.

12° Uræus. — Plus grande dimension 0 m. 011 mill. 1/2. — Feuille d'or, renforcée à la tête. Travaillée des deux côtés. L'anneau de suspension est derrière le cou.

13° Collier *ousekh.* — Plus grande largeur 0 m. 011 mill. — Feuille d'or simple avec un anneau vertical derrière. On voit les deux têtes de faucons habituelles et l'indication de cinq rangs.

14° Cou et tête de serpent. — Long. 0 m. 016 mill. 1/2, largeur maximum 0 m. 003 mill. — Un anneau est soudé dans la cavité vers le milieu du cou.

15° Autre petit vautour. — Plus grande longueur 0 m. 006 mill. — Il est construit complètement et posé sur un socle; il est en ronde bosse. Un anneau est soudé sur le dos.

16° Un collier dont les côtés sont prolongés pour pouvoir être liés. — Haut. 0 m. 014 mill., larg. 0 m. 010 mill. 1/2. — Feuille d'or simple avec anneau vertical au revers.

17° Un vautour aux ailes éployées. — Plus grande largeur 0 m. 013 mill. 1/2. — Feuille d'or simple. Un anneau vertical à l'arrière.

18° Un cœur. — Or. — Haut. 0 m. 008 mill. — Feuille d'or simple. Anneau vertical à l'arrière.

19° Un vautour en ronde bosse. — Plus grande dimension o m. 006 mill. — Un anneau soudé sur le dos.

20° *Dad.* — Or. — Haut. o m. 011 mill. 1/2, larg. o m. 005 mill. 1/2. — Feuille d'or simple. Anneau vertical au revers.

Ces vingt pièces sont séparées par des perles longues, légèrement remplies au milieu (ovoïdes), sauf une qui est cylindrique. Les dimensions sont : long. o m. 012 mill. en moyenne, le plus grand diamètre des ovoïdes est de o m. 003 mill. 1/2.

Époque saïte.

Bibl. : *Journal d'entrée du Musée*, n° 35788.

53739. Scarabée. — Basalte. — Grand axe o m. 056 mill., petit axe o m. 040 mill., épaisseur maximum o m. 022 mill.; poids 108 grammes. — Trouvé à Saqqarah.

Un très beau scarabée d'une exécution parfaite. Il n'a pas été percé et ne présente aucun motif de suspension.

Sur le plat on voit gravé le chapitre du cœur du *Livre des Morts*, en douze rangs d'inscriptions horizontales.

De chaque côté du petit axe on voit quelques érosions : d'un côté sur l'animal et de l'autre sur la plinthe.

Époque saïte.

Bibl. : *Journal d'entrée du Musée*, n° 34684.

53740. Six perles. — Cornaline. — Longueur moyenne de chaque perle o m. 012 mill., grosseur maximum o m. 006 mill. 1/2; poids des six perles 4 grammes. — Trouvées à Saqqarah.

Six perles ovoïdes réunies; elles sont striées profondément dans le sens de la longueur.

Bibl. : *Journal d'entrée du Musée*, n° 35784.

53741. Sept groupes d'objets. — Or et pierres. — Réunis sur une planchette de o m. 25 cent. de longueur sur o m. 10 cent. de largeur. — Trouvés à Saqqarah.

Il y a cinq rangs horizontaux et deux petits groupes de chaque côté.

Premier rang. — Longueur totale o m. 12 cent.

Quatorze scarabées en pierres dures ayant de 5 à 12 millimètres de longueur. Les matières ne sont pas toutes définissables : croûte de lapis, serpentine, etc.

Deuxième rang. — Vingt objets. Longueur totale 0 m. 145 mill.

Quinze *oudjas* et cinq cœurs.

La dimension des *oudjas* varie de 5 mill. 1/2 à 9 mill. 1/2. Ils sont tous percés d'un trou horizontal.

Il y en a cinq d'amazonite, trois de cornaline, deux de jaspe rouge, un d'obsidienne et un de lapis. Trois sont douteux.

Les cinq cœurs sont : quatre en cristal de roche fumé et un en matière indéfinissable. Leurs dimensions sont : haut. 0 m. 011 mill. 1/2, grosseur maximum (sans les oreilles) 0 m. 005 mill. 1/2.

L'anneau de suspension est au sommet et pris dans la matière.

Troisième rang. — Le troisième rang compte vingt-sept pièces ou fragments; ce sont :

1° Deux plaques de basalte ayant 21 et 23 millimètres de hauteur et 10 mill. 1/2 et 9 millimètres de largeur. L'anneau de suspension est pris au sommet dans la matière. Sur les deux on voit d'un côté un *ouadj* gravé en très bas-relief; l'autre côté est uni.

2° Six pendeloques en croûte de lapis (haut. de 9 à 15 millimètres); ce sont : Thot, Isis, un épervier, Nephthys, Maât assises et un dieu à tête de faucon.

Ces figures ont les trous de suspension pris dans la partie rigide qu'elles ont derrière elles, sauf le faucon et la figure assise qui ont des anneaux.

3° Deux *dad*, l'un en cornaline et l'autre en céramique(?). — Haut. 0 m. 018 mill. et 0 m. 013 mill.

4° Deux boucles d'Isis. — Jaspe rouge. — Haut. 0 m. 017 mill.

5° Cinq *ouadjs*, deux de 0 m. 020 mill. de hauteur, deux de 0 m. 018 mill. et un de 0 m. 012 mill. de hauteur. L'anneau de suspension est pris dans la matière, à la partie supérieure, à part un de ceux de 0 m. 018 mill., qui est en amazonite. La matière des autres est douteuse.

6° Deux têtes de serpents. — Cornaline. — 0 m. 014 mill. 1/2 et 0 m. 013 mill. — Deux cylindres terminés d'un côté par la tête du serpent et l'autre par l'anneau de suspension.

7° Une petite bague de jade en forme de sceau, le cachet ayant 0 m. 009 mill. de grand axe.

8° Deux plaquettes rectangulaires. — Lapis. — Larg. 0 m. 008 mill. 1/2, haut. 0 m. 007 mill. — Sur chacune d'elles on voit un *oudja* (droit) gravé aux traits. Le trou de suspension est percé dans le sens de la largeur.

9° Une petite grenouille. — Pierre dure jaunâtre. — Long. 0 m. 006 mill., larg. 0 m. 005 mill. — Elle est percée dans le sens de la longueur.

10° Quatre fragments de *ânkh*, dont deux en lapis et deux en matière grise : ce sont les parties supérieures de ces signes. Les anneaux de suspension sont au sommet, sauf un des deux de lapis dont l'anneau est brisé.

Quatrième rang. — Il se compose d'un collier fait de trois enfilages de perles d'une substance dure et noire, recouverte d'une feuille d'or. Ces perles, de forme ovoïde, sont au nombre de soixante : il n'y en a que douze qui ont perdu leur enveloppe d'or. Leurs dimensions sont : o m. 006 mill. de longueur et o m. 002 mill. 1/2 d'épaisseur maximum.

Cinquième rang. — Il est composé de dix-neuf perles en or semblables à celles qui ont été décrites plus haut; parmi elles il y a un groupe de trois perles réunies côte à côte.

Enfin les sixième et septième groupes, à droite et à gauche, comptent : l'un cinq perles ovoïdes, deux de cornaline et trois de matière douteuse, dont les longueurs varient de 5 à 10 millimètres.

Celui de gauche compte sept perles, dont une seule cylindrique. La grandeur de ces perles va de 5 à 10 millimètres. Six sont en cornaline et une n'est pas définissable.

Bibl. : Au *Journal d'entrée du Musée* ces débris figurent aux n°s 35380, 35381, 35382, 35386, 35393, 35395, 35397, 35399, 35400, 35401. Ils ont été groupés en 1916.

53742. Groupes d'objets. — Or et pierres.

Sur une planchette de o m. 25 cent. de longueur et o m. 12 cent. de largeur, sont groupés vingt-trois objets d'or et huit de pierres dures.

Objets d'or : vingt-trois.

1° Feuille d'or de o m. 096 mill. de hauteur et o m. 043 mill. de largeur à la base, poids 3 grammes, représentant le schéma de deux doigts.

Bibl. : *Journal d'entrée du Musée*, n° 34072.

2° Une bande d'or de o m. 087 mill. de longueur et de o m. 021 mill. de largeur. Aux extrémités, l'or est prolongé par deux languettes destinées à la fixer.

Sur la plaque on voit, exécutés au tracé : un *oudja*, une déesse profil à droite, un *dad* et une déesse profil à gauche. Ces images n'occupent que les deux tiers de la plaque.

3° Une bande d'or de o m. 068 mill. de longueur et o m. 013 mill. de largeur ayant une petite languette à chaque extrémité.

Sur cette bande on voit, exécutés au tracé : un chat assis, un cœur, un collier et un vautour les ailes éployées et tenant les deux sceaux.

4° Toujours en or d'une minceur extrême, vingt bouts de doigts dont les longueurs varient de 23 à 27 millimètres et les diamètres de 9 à 13 mill. 1/2.

Il y en a dix manifestement plus petits que les autres.

Objets de pierres : huit.

5° Petit chevet. — Hématite. — Long. o m. 021 mill., larg. o m. 011 mill., haut. o m. 013 mill. — En parfait état.

6° Un petit chevet d'hématite, semblable au premier, sauf les dimensions légèrement plus faibles. — Long. o m. 018 mill., larg. o m. 010 mill., haut. o m. 011 mill.

7° *Oudja.* — Hématite. — Long. o m. 012 mill., larg. o m. 008 mill. — Il est percé dans le sens de la longueur. Il n'a aucune indication et n'est que silhouetté. Il est présenté à droite.

8° *Oudja.* — Matière(?). — Long. 0 m. 011 mill., larg. 0 m. 007 mill. — Présenté à gauche. L'œil est gravé aux traits. La pierre est perforée horizontalement.

9° Boucle d'Isis. — Jaspe rouge. — Haut. 0 m. 019 mill., larg. 0 m. 013 mill. — L'anneau de suspension est au sommet et taillé dans la matière.

10° *Dad.* — Cornaline. — Haut. 0 m. 020 mill., larg. 0 m. 014 mill. — L'anneau de suspension est taillé dans la matière, au sommet du signe.

11° Cœur. — Cristal de roche. — Haut. 0 m. 015 mill. 1/2, largeur totale 0 m. 009 mill. — L'anneau de suspension est pris dans la matière.

12° *Ouadj.* — Serpentine. — Haut. 0 m. 023 mill. 1/2, larg. 0 m. 007 mill. 1/2. — Le trou de suspension est percé dans le disque.

Bibl. : *Journal d'entrée du Musée*, n° 34072, 3/2 | 34075, a/C, a/G.

53743. Bouts de doigts. — Or. — Longueurs de 54 à 36 millimètres; poids total 7 grammes. — Trouvés à Saqqarah.

Cinq bouts de doigts en or, dans un très mauvais état, totalement déformés, réunis par un fil.

53744. Masque. — Or. — Haut. 0 m. 12 cent., larg. 0 m. 09 cent.; poids 8 grammes. — Trouvé à Saqqarah.

Une feuille d'or, fripée et déchirée. Quelques indications, notamment les yeux, permettent de voir le masque qui était à la hauteur du visage, à l'extérieur du sarcophage.

On ne voit aucun trou destiné à fixer cette plaque : il est probable qu'elle était seulement collée.

Époque saïte.

Bibl. : *Journal d'entrée du Musée*, n° 39984.

53745. Plaque (cache-sexe féminin?). — Or. — Haut. 0 m. 070 mill., larg. 0 m. 082 mill.; poids 3 grammes. — Trouvée à Saqqarah.

Une feuille d'or ayant la forme d'un triangle légèrement curviligne, la pointe en bas.

Le milieu est creusé par un sillon qui partage le triangle verticalement. Un semis de petits points semble rappeler le système pileux.

La plaque, qui est très mince, est très fripée sur les bords. Il n'y a pas de trace de trous destinés à la fixation.

Époque saïte.

Bibl. : *Journal d'entrée du Musée*, n° 39984.

53746. Plaquette. — Or. — Haut. 0 m. 040 mill., larg. 0 m. 021 mill.; poids 1 gr. 1/2. — Trouvée à Saqqarah.

Une feuille d'or en forme de bout de doigt. Un godron la sépare en deux parties.

Bibl. : *Journal d'entrée du Musée*, n° 39984.

53747. Plaquette. — Or. — Haut. 0 m. 038 mill., larg. 0 m. 033 mill.; poids 1 gramme. — Trouvée à Saqqarah.

Une plaquette d'or d'une forme sensiblement triangulaire.

Bibl. : *Journal d'entrée du Musée*, n° 39984.

53748. Œil. — Or. — Haut. 0 m. 023 mill., larg. 0 m. 038 mill.; poids 1 gramme. — Trouvé à Saqqarah.

Une feuille d'or de forme ovoïde. Des indications grossières, faites au tracé, indiquent un œil et des cils. Aucune trace de moyen de fixation.

Bibl. : *Journal d'entrée du Musée*, n° 39984.

53749. Débris. — Or. — Long. 0 m. 033 mill., larg. 0 m. 010 mill. — Trouvé à Saqqarah.

Un débris d'or, fragment d'une bande sur laquelle des ornements en mauvais état sont indéfinissables.

53750. Doigts. — Obsidienne. — Long. 0 m. 090 mill., larg. 0 m. 040 mill.; poids 24 gr. 50. — Trouvés à Saqqarah.

Une plaque d'obsidienne ayant la forme schématique de deux doigts. Cette plaque a été brisée à sa partie inférieure. Le morceau actuellement recollé a 0 m. 019 mill. dans sa plus grande largeur.

Cette plaque était recouverte par une plaque d'or inventoriée au numéro suivant.

Bibl. : *Journal d'entrée du Musée*, n° 35785.

53751. Revêtement de doigts de pierre. — Or. — Long. 0 m. 092 mill., larg. 0 m. 040 mill.; poids 4 gr. 1/2. — Trouvé à Saqqarah.

Plaque d'or qui recouvrait des doigts en obsidienne. La forme des doigts est indiquée et un petit trou est percé au sommet juste entre les deux doigts.

Cette plaque recouvrait les doigts d'obsidienne catalogués au numéro précédent. Elle porte la trace de la brisure subie par cette plaque.

Bibl. : *Journal d'entrée du Musée*, n° 35785.

53752. Doigts. — Obsidienne. — Long. 0 m. 082 mill., larg. 0 m. 036 mill., poids 31 grammes. — Trouvés à Saqqarah.

Schéma de deux doigts en obsidienne, dans un parfait état de conservation.

Bibl. : *Journal d'entrée du Musée*, n° 34685.

53753. Doigts. — Obsidienne. — Long. 0 m. 108 mill., larg. 0 m. 048 mill.; poids 48 grammes. — Trouvés à Saqqarah.

Plaque ayant la forme schématique de deux doigts; elle est doucement creusée à l'intérieur.

Elle a été brisée à la partie supérieure; actuellement les deux parties sont rapprochées et collées.

La brisure est à 0 m. 035 mill. du sommet.

Bibl. : *Journal d'entrée du Musée*, n° 35926.

53754-53755. Bracelet en deux parties. — Or et pierre. — Longueur des parties 0 m. 075 mill., larg. 0 m. 014 mill.; poids 11 grammes. — Trouvé à Saqqarah.

Deux parties de bracelet rappelant presque complètement celles des n°s 53693-53694; la seule différence est dans le nombre des cloisons verticales qui séparent les cloisons horizontales. Ici il n'y en a que deux par fragment, alors qu'il y en a trois dans les deux premiers.

Une autre petite différence à signaler est que les extrémités de chaque fragment étaient munies de deux anneaux aux deux extrémités, alors que les deux premières n'en ont qu'un. Il ne reste que cinq anneaux sur huit dans les deux fragments.

Époque saïte.

Bibl. : *Journal d'entrée du Musée*, n° 35361.

53756-1. Perles cylindriques (débris enfilés en colliers). — Or sur argent et sur céramique. — Long. 0 m. 43 cent. — Trouvées à Saqqarah.

Un lot de vingt-six perles cylindriques. Les unes sont en argent revêtues d'une légère feuille d'or, les autres sont dépourvues de ce revêtement, d'autres enfin sont en céramique.

Le tout est dans un état de décomposition extrême.

Époque saïte.

53756-2. Vingt-six perles cylindriques. — Or sur argent. — Longueur totale o m. 51 cent., diamètre moyen o m. 003 mill. — Trouvées à Saqqarah.

Vingt-six perles cylindriques ou fragments, or sur argent décomposé, enfilés en collier.

53756-3. Vingt-sept perles cylindriques. — Or sur argent. — Longueur totale o m. 29 cent., diamètre moyen o m. 003 mill. — Trouvées à Saqqarah.

Vingt-sept perles cylindriques, or sur argent, enfilées en collier, le tout dans le plus mauvais état.

53756-4. Trente-six perles cylindriques. — Or sur argent. — Longueur totale o m. 65 cent. — Trouvées à Saqqarah.

Trente-six perles cylindriques, or sur argent, le tout en très mauvais état.

53757. Cinq bouts de doigts. — Or. — Poids total 7 gr. 3. — Trouvés à Saqqarah.

Cinq bouts de doigts en très mauvais état. Fripés et déchirés.

Époque saïte.

53758-53759. Deux olives. — Or. — Long. o m. 039 mill. et o m. 041 mill., grosseur maximum o m. 017 mill.; poids 13 gr. 3 (pesées ensemble). — Trouvées à Saqqarah.

Deux pendeloques en or mince. Chacune d'elles est faite de deux morceaux.

Elles sont en forme d'olives. Chacune d'elles est munie à la partie supérieure, celle qui est pointue, de trois anneaux. C'est un système que nous avons déjà rencontré, dans lequel la partie inférieure de la pendeloque est munie à l'*intérieur*, d'un côté de deux anneaux et de l'autre d'un anneau venant se loger entre les deux de la première partie. En passant une goupille entre les trois anneaux on forme une charnière, et quand on a réuni les anneaux extérieurs des deux parties du haut et fait passer une goupille entre ces anneaux, le bijou est fermé.

Ici nous ne pouvons pas contrôler, car les parties sont intimement réunies par le bitume qui les remplit (ce qui ne permet pas d'attacher d'importance au poids).

Le n° 53758 est bien muni de ses trois anneaux extérieurs, mais le n° 53759 en a perdu un et ne nous montre que deux anneaux.

L'état général est mauvais, mais la protection intérieure, qui apporte le bitume, a fait garder à l'or une certaine tenue.

Époque saïte.

Bibl. : *Journal d'entrée du Musée*, n° 35363; Barsanti, *Annales du Service des Antiquités*, III, p. 211.

53760. Cinq bouts de doigts. — Or. — Poids total 10 grammes. — Trouvés à Saqqarah.

Cinq bouts de doigts variant de 46 à 54 millimètres de longueur.

L'état de conservation est, comme d'habitude, très mauvais, et il ne peut être autrement à cause du manque d'épaisseur de la feuille d'or. Le métal est fripé et déformé.

Époque saïte.

53761. Quatre petits pots sur un support commun. — Argent. — Base carrée de 0 m. 028 mill. de côté, haut. 0 m. 015 mill.; poids 12 gr. 6. — Trouvés à Saqqarah.

Quatre petits pots sphériques sont accolés sur un support carré. Leur diamètre est de 0 m. 016 mill. Toutes les mesures sont approximatives, car le métal, très décomposé, est couvert d'efflorescences qui déforment les objets.

Époque saïte.

Bibl. : *Journal d'entrée du Musée*, n° 35359; Barsanti, *Annales du Service des Antiquités*, III, p. 211.

53762. Quatre petits vases sur un support commun. — Argent. — Dimensions de la base 0 m. 023 mill. sur 0 m. 021 mill., haut. 0 m. 018 mill.; poids 8 grammes. — Trouvés à Saqqarah.

Quatre petits pots groupés régulièrement sur une base sensiblement carrée; ils sont cylindriques. Leur diamètre à la base est de 0 m. 009 mill., leur ouverture est de 0 m. 003 mill. 1/2.

Toutes les mesures sont, ainsi que pour le numéro précédent, très approximatives à cause de l'état de la matière.

Époque saïte.

BIBL. : *Journal d'entrée du Musée*, n° 35358; BARSANTI, *Annales du Service des Antiquités*, III, p. 211.

53763. Déesse ailée. — Argent doré. — Haut. 0 m. 125 mill. (en deux morceaux, comprenant la tête [0 m. 047 mill.] et le corps [0 m. 078 mill.]), larg. 0 m. 30 cent.; poids total 115 grammes. — Trouvée à Saqqarah.

Déesse Isis ailée; elle est de profil (à droite). Elle repose sur la jambe gauche repliée. Ses bras étendus se continuent en ailes. Elle est coiffée du disque.

Le tout est dans un état de décomposition très grave et pulvérulent. Les traces de l'or sont très peu importantes.

Époque saïte.

BIBL. : *Journal d'entrée du Musée*, n° 35354; BARSANTI, *Annales du Service des Antiquités*, III, p. 210.

53764 à 53767. Quatre génies funéraires. — Argent doré. — Haut. 0 m. 135 mill., largeur maximum 0 m. 030 mill.; poids 52 grammes (ensemble). — Trouvés à Saqqarah.

Les quatre génies funéraires Amset, Douamoutef, Hapi et Qebeḥsenouf.

Leur état est, comme pour la déesse Isis qui précède et comme tous les autres objets qui composaient la décoration extérieure du sarcophage, dans un état de décomposition de l'argent qui rend l'observation difficile.

Ces plaques ont été travaillées au repoussé.

BIBL. : *Journal d'entrée du Musée*, n° 35355; BARSANTI, *Annales du Service des Antiquités*, III, p. 210.

53768-53769. Deux têtes de faucons. — Argent doré. — Haut. 0 m. 050 mill., larg. 0 m. 088 mill.; poids 38 grammes (ensemble). — Trouvées à Saqqarah.

Deux têtes de faucons, profils à droite et à gauche. Ils étaient aux extrémités d'un collier. Il y a à peine quelques traces d'or, et l'état de l'argent est le même que celui des autres pièces précédentes, c'est-à-dire très altéré.

BIBL. : *Journal d'entrée du Musée*, n° 35357; BARSANTI, *Annales du Service des Antiquités*, III, p. 210.

53770 à 53773. Quatre bandes. — Argent doré. — Longueurs : trois de 0 m. 178 mill. et une de 0 m. 150 mill., larg. 0 m. 053 mill.; poids total 127 grammes. — Trouvées à Saqqarah.

Quatre bandes d'argent doré sur lesquelles on voit les inscriptions habituelles. Ces bandes sont dans le même état que les objets catalogués précédemment, c'est-à-dire déplorable. L'argent, que la dorure presque disparue ne protège plus, est décomposé et pulvérulent. Deux de ces bandes sont brisées en deux morceaux; l'une d'entre elles, qui n'a plus que 0 m. 150 mill. de longueur, est tout à fait altérée.

Bibl. : *Journal d'entrée du Musée,* n° 35356; Barsanti, *Annales du Service des Antiquités,* III, p. 210.

53774-53775. Deux semelles de sandales. — Or. — Long. 0 m. 155 mill., larg. 0 m. 049 mill.; poids 8 grammes (ensemble). — Trouvées à Saqqarah.

Deux semelles de sandales. Le métal est extrêmement mince (1/10 de millimètre). Le contour est maintenu par la feuille elle-même repliée en forme d'ourlet. Le seul décor(?) consiste en treize traits fins transversaux rejoignant un trait qui suit le contour à 0 m. 002 mill. de l'ourlet. L'or est fripé et déchiré; mais parmi ces ajours on peut remarquer quatre trous à chaque sandale, deux aux extrémités et deux de chaque côté du talon. Ces trous ne se confondent pas avec les déchirures.

Époque saïte.

Bibl. : *Journal d'entrée du Musée,* n° 35927.

53776. Scarabée. — Pierre dure verte. — Long. 0 m. 047 mill., larg. 0 m. 034 mill.; poids 47 gr. 8. — Trouvé à Saqqarah.

Un beau scarabée d'une exécution très simple et d'une grande perfection.

Il n'a pas d'inscription sur le plat.

Époque saïte.

Bibl. : *Journal d'entrée du Musée,* n° 35384; Barsanti, *Annales du Service des Antiquités,* III, p. 212.

53777. Plaquette. — Obsidienne. — Long. 0 m. 092 mill., larg. 0 m. 043 mill., épaisseur maximum 0 m. 004 mill.; poids 23 gr. 50. — Trouvée à Saqqarah.

Une plaquette d'obsidienne en parfait état. Elle est doucement arrondie et dans son contour et dans son épaisseur. Dans la partie qui semble être inférieure, une petite languette entre deux courbes ressemble à la tige d'une feuille.

Bibl. : *Journal d'entrée du Musée,* n° 35384.

53778. Masque (débris). — Argent doré. — Hauteur du principal débris 0 m. 20 cent., largeur à la base 0 m. 12 cent.; poids 222 grammes (ensemble). — Trouvé à Saqqarah.

Masque de momie complétant la série des ornements qui ont été décrits aux nos 53763 à 53773 inclus.

Ce masque, encore plus maltraité par les chlorures que les autres parties, se présente aujourd'hui (en 1927) en dix morceaux, dont un très important; trois autres qui sont : un débris contenant l'œil droit; un débris possédant une partie de perruque et l'oreille droite; un troisième qui est la partie de perruque au bas, à la droite du visage; enfin quatre petits morceaux n'ayant pas une place parfaitement déterminée.

Ce masque était doré, face et revers. La dorure est devenue rare : c'est néanmoins grâce au peu qui reste que ces débris ont conservé une apparence; mais le travail des chlorures continue et l'objet devient complètement pulvérulent.

Époque saïte.

Bibl. : *Journal d'entrée du Musée*, n° 35353; Barsanti, *Annales du Service des Antiquités*, III, p. 210.

53779. Masque. — Argent doré. — Haut. 0 m. 24 cent., larg. 0 m. 20 cent. — Trouvé à Saqqarah.

Un fragment de masque en argent doré. La partie centrale est la plus avariée : il manque le haut du nez et des joues, presque toute la joue gauche, ainsi que la gauche de la bouche, le menton et le cou. La partie inférieure du côté gauche de la perruque est également manquante au droit du cou. L'extrémité de ce qui reste du nez est trouée.

Enfin, des deux yeux l'un est encore complet avec sa pupille de cristal assujettie dans du calcaire blanc (c'est l'œil droit); l'autre n'a plus de prunelle et le trou est béant.

Sur le pourtour de la plaque on voit d'assez nombreux petits trous destinés évidemment aux clous de fixation sur le sarcophage.

Bien que ce masque soit dans un état lamentable en tant qu'objet, le métal ne donne pas la même impression de décomposition que le masque catalogué au numéro précédent. La raison probable c'est qu'ici le métal est visiblement plus mince et qu'il a été martelé et resserré avec plus d'insistance. Sur un métal plus resserré la dorure a joué un rôle plus efficace de protection et la matière n'est pas transformée de la même façon.

Ce masque est présenté sur un panneau et entouré de débris catalogués au numéro suivant.

Époque saïte.

Bibl. : *Journal d'entrée du Musée*, n° 35796.

53780. Dix débris. — Argent doré. — Trouvés à Saqqarah.

Ces débris sont présentés sur un panneau carré de o m. 35 cent. de côté.

Le masque catalogué au numéro précédent occupe le haut et le milieu de ce panneau. De chaque côté et au-dessous du masque on voit dix débris d'importance variée.

1° Bas du panneau, au-dessous du masque :

Débris d'une figure portant sur la jambe droite repliée et ayant les bras étendus et prolongés par des ailes déployées. La largeur, importante, est de o m. 305 mill. aux extrémités des ailes; la plus grande hauteur du débris est de o m. 063 mill. Le milieu manque totalement et il ne reste que la jambe droite repliée et les mains. Des deux ailes, la gauche a le moins souffert; la droite est réduite à très peu de chose.

Nous voyons ensuite à droite du panneau (gauche du lecteur) :

2° à 5° Débris de bandes d'argent doré, sur lesquels on voit des signes hiéroglyphiques.

6° Débris représentant une portion de jambe.

A gauche du panneau (droite du lecteur) :

7° à 9° Trois autres fragments de bandes avec hiéroglyphes.

10° Un fragment de cynocéphale, profil à gauche.

Sur toutes ces pièces nous retrouvons les petits trous destinés à les fixer sur le sarcophage.

Époque saïte.

Bibl. : *Journal d'entrée du Musée*, n° 35796.

53781. Réseau de perles. — Or sur cuivre. — Carré de o m. 110 mill. de côté. — Trouvé à Saqqarah.

Un réseau de perles, or sur cuivre. Il est composé de deux genres de perles : les unes, ovoïdes, ont en moyenne o m. 010 mill. de longueur et o m. 003 mill. 1/2 dans la partie renflée; les autres, rondes et plates, ont un diamètre de o m. 005 mill. Il y a quatre-vingt-seize perles ovoïdes et quarante-huit perles rondes; celles-ci sont percées en croix et sont placées aux points de rencontre du réseau.

Cet ensemble est placé sur une planchette de o m. 012 mill. de côtés.

Époque saïte.

Bibl. : *Journal d'entrée du Musée*, n°s 34471-34528.

53782-53782 *bis*. Pendeloque en forme d'olive. — Or. — Long. o m. 029 mill., larg. o m. 015 mill. (environ); poids 1 gr. 60 (ensemble). — Trouvée à Saqqarah.

Une pendeloque ovoïde en deux parties. Nous avons déjà rencontré des objets de cette nature (voir n° 53252 et pl. XCVIII); celle-ci est absolument semblable. L'or n'est qu'un peu chiffonné.

Bibl. : *Journal d'entrée du Musée*, n° 34473.

53783 à 53786. Quatre génies funéraires. — Or. — Hauteur moyenne 0 m. 125 mill., larg. 0 m. 025 mill.; poids 26 grammes (ensemble). — Trouvés à Saqqarah.

Les quatre génies canopes. Ils sont debout de profil : Amset et Douamoutef, profil à droite; Hapi et Qebeḥsenouf, profil à gauche.

Ils sont faits de feuilles d'or de 1/10 de millimètre d'épaisseur. Sur le pourtour, de petits trous sont percés pour les fixer.

L'état est assez bon.

Époque saïte.

Bibl. : *Journal d'entrée du Musée*, n° 34467.

53787. Plaque. — Argent. — Long. 0 m. 117 mill., larg. 0 m. 070 mill.; poids 26 gr. 8. — Trouvée à Saqqarah.

Une plaque d'argent d'une épaisseur de 4/10 de millimètre. Elle est entièrement occupée par un *oudja* (droit) exécuté au tracé.

Le métal est dans un état parfait de conservation.

Époque saïte.

Bibl. : *Journal d'entrée du Musée*, n° 34516.

53788-53789. Deux sandales. — Or. — Long. 0 m. 19 cent., larg. 0 m. 065 mill.; poids 18 grammes (ensemble). — Trouvées à Saqqarah.

Deux sandales déchirées et fripées. Il semble qu'elles avaient les bords repliés. Quelques traits transversaux se devinent. L'état général est très mauvais.

Époque saïte.

53790. Cinq bouts de doigts. — Or. — Longueurs de 0 m. 048 mill. à 0 m. 055 mill.; poids 11 grammes (ensemble). — Trouvés à Saqqarah.

Cinq bouts de doigts en mauvais état, froissés et déchirés.

Époque saïte.

Bibl. : *Journal d'entrée du Musée*, n° 34478.

53791. Cinq bouts de doigts (débris). — Or. — Poids 5 grammes (ensemble). — Trouvés à Saqqarah.

Débris de cinq bouts de doigts. Le métal est déchiré, froissé, informe.

Un des morceaux enferme encore du bitume, ce qui fait que le poids indiqué est encore exagéré, malgré sa modestie.

Époque saïte.

Bibl. : *Journal d'entrée du Musée*, n° 34478.

53792. Cinq bouts de doigts. — Or. — Longueurs de 0 m. 050 mill. à 0 m. 075 mill.; poids 7 grammes (ensemble). — Trouvés à Saqqarah.

Cinq bouts de doigts. L'or est froissé et déchiré.

Époque saïte.

Bibl. : *Journal d'entrée du Musée*, n° 34478.

53793. Cinq bouts de doigts. — Or. — Longueurs de 0 m. 042 mill. à 0 m. 065 mill.; poids 6 grammes (ensemble). — Trouvés à Saqqarah.

Cinq bouts de doigts. Comme dans les numéros précédents, l'or est froissé et déchiré.

Époque saïte.

Bibl. : *Journal d'entrée du Musée*, n° 34478.

53794. Plaque. — Or. — Long. 0 m. 103 mill., larg. 0 m. 050 mill.; poids 9 gr. 2. — Trouvée à Saqqarah.

Une plaque d'or unie, arrondie légèrement à une extrémité.

Époque saïte.

Bibl. : *Journal d'entrée du Musée*, n° 34514.

53795. Plaque. — Obsidienne. — Long. 0 m. 112 mill., larg. 0 m. 045 mill., épaisseur maximum 0 m. 002 mill. 1/2; poids 29 gr. 50. — Trouvée à Saqqarah.

Une plaque d'obsidienne. Elle est arrondie à une extrémité; à l'autre elle présente deux parties arrondies séparées par une petite languette qui donne l'impression d'une tige, comme nous l'avons vu au n° 53777.

Elle est légèrement convexe sur une face et concave sur l'autre.

Époque saïte.

Bibl. : *Journal d'entrée du Musée*, n° 34516.

53796-53797. Deux figures. — Or. — Haut. 0 m. 105 mill., larg. 0 m. 052 mill.; poids 7 gr. 50 chacune. — Trouvées à Saqqarah.

Deux figures en or :

1° Nephthys, profil à droite, agenouillée sur le signe de l'or. Sa poitrine est décorée du large collier, sa main repose sur l'anneau ♀.

2° Isis, profil à gauche, même attitude.

L'état des objets est mauvais; le métal est froissé et déchiré. Une des extrémités du signe de l'or qui porte Isis, manque.

Époque saïte.

Bibl. : *Journal d'entrée du Musée,* nos 34468-34470.

53798. Tête de faucon. — Or. — Haut. 0 m. 048 mill., larg. 0 m. 051 mill.; poids 3 grammes. — Trouvée à Saqqarah.

Une tête de faucon, profil à gauche. Elle est découpée dans de l'or extrêmement mince et le décor est uniquement indiqué par des traits.

De petits trous sont percés autour de la plaque.

Époque saïte.

Bibl. : *Journal d'entrée du Musée,* n° 34469.

53799. Masque. — Or. — Haut. 0 m. 190 mill., larg. 0 m. 150 mill.; poids 105 grammes. — Trouvé à Saqqarah.

Un masque d'or en mauvais état. Les différentes parties centrales, nez, joues, yeux, ont dû être replacées tant bien que mal et soutenues par-derrière par des bandes d'étoffe collées. Les yeux et les sourcils nous montrent des cavités régulières qui devaient retenir des parties d'émail ou de pierres. Il a une barbe nattée de 0 m. 055 mill. de longueur. Ce masque est fortement bombé; il n'a été travaillé qu'au repoussé La face ne présente pas de traces d'outils, traits ou martelage. Le tout semble bien avoir été repoussé dans un moule et non retouché à l'endroit.

Le pourtour est percé d'un assez grand nombre de petits trous.

Époque saïte.

Bibl. : *Journal d'entrée du Musée,* n° 34525.

53800. Bandes (débris). — Or. — Poids 41 grammes (ensemble). — Trouvées à Saqqarah.

Treize débris de bandes d'or, couverts d'hiéroglyphes. Ces bandes avaient environ 0 m. 045 mill. de largeur; elles sont déchirées, froissées. Deux seulement ont gardé leurs dimensions, qui étaient, sans doute, les mêmes pour toutes, de 0 m. 12 cent. de longueur.

Des trous percés sur les bords indiquent que ces plaques étaient clouées sur le sarcophage.

Époque saïte.

Bibl. : *Journal d'entrée du Musée*, n° 34472.

53801. Bandeau. — Or. — Long. 0 m. 57 cent., larg. 0 m. 01 cent.; poids 12 grammes. — Trouvé à Nag el-Deir, 1903.

Un simple ruban d'or sans aucun ornement; il présente une particularité qui mérite d'attirer l'attention : on ne voit pas trace de soudure. L'artisan aurait forgé ce bijou, après l'avoir découpé dans une plaque, de façon à faire un ruban sans solution de continuité. C'est possible, et dès cette époque reculée, les artisans étaient capables de ce petit tour de main. Quoi qu'il en soit, on ne voit pas de soudure, bien que d'autres objets de la même trouvaille nous prouvent que la soudure était employée, et même habilement.

Premières dynasties.

Bibl. : *Journal d'entrée du Musée*, n° 35713; A. Reisner, *The Early Dynastic Cemeteries of Naga ed-Dêr*, 1903, I, pl. 9.

53802. Collier de coquilles. — Or. — Poids 26 gr. 50. — Trouvé à Nag el-Deir, 1903.

Un collier composé de vingt-quatre coquilles d'or; ces coquilles ont la forme d'escargots. L'ouverture a en moyenne 0 m. 015 mill. de grand axe, 0 m. 011 mill. de petit axe et 0 m. 010 mill. de profondeur. L'indication de l'hélice, qui se termine en pointe, est très bien exprimée au repoussé et est soulignée avec justesse par un simple trait fait à l'outil non coupant mais au traçoir et au marteau.

Chacun de ces escargots est muni de deux anneaux, qui sont placés à l'extérieur aux extrémités du grand axe de l'ouverture. Ces anneaux sont plats; ils sont faits de petites bandes d'or très étroites (un demi-millimètre) et soudés très habilement.

Premières dynasties.

Bibl. : *Journal d'entrée du Musée*, n° 35705; A. Reisner, *The Early Dynastic Cemeteries of Naga ed-Dêr*, 1903, I, pl. 6.

53803. Collier. — Or. — Poids 12 grammes. — Trouvé à Nag el-Deir, 1903.

Un groupe de dix motifs d'une forme difficile à définir : elle se rapproche du noyau de datte. Ce sont des feuilles d'or minces qui ont été probablement appliquées sur une forme d'une matière pouvant supporter des chocs et une température élevée, car elles sont fermées et elles ont été décorées au traçoir. Le décor consiste en cinq séries de trois traits en travers des motifs, laissant entre elles quatre intervalles où sont des entrelacs. Ces motifs sont enfilés selon leur grand axe.

Premières dynasties.

Bibl. : *Journal d'entrée du Musée*, n° 35703; A. Reisner, *The Early Dynastic Cemeteries of Naga ed-Dêr*, 1903, I, pl. 6.

53804-53805. Deux anneaux. — Or. — Diam. 0 m. 017 mill.; poids 1 gr. 4 (ensemble). — Trouvés à Nag el-Deir, 1903.

Deux anneaux. Ils sont faits de deux petites bandes d'or martelées, de 0 m. 007 mill. de largeur. L'artisan, après avoir donné une forme un peu ventrue aux petites bandes, a fermé les anneaux en repliant une extrémité sur l'autre et en soudant.

Premières dynasties.

Bibl. : *Journal d'entrée du Musée*, n° 35711; A. Reisner, *The Early Dynastic Cemeteries of Naga ed-Dêr*, 1903, I, pl. 9, n° 6.

53806-53807. Deux extrémités de collier. — Or. — Long. 0 m. 017 mill., larg. 0 m. 011 mill. 1/2; poids 1 gr. 60 (ensemble). — Trouvées à Nag el-Deir, 1903.

Deux extrémités de collier en forme de triangles. Ces extrémités reçoivent les fils des rangs de perles ou d'autres motifs d'enfilage qui viennent se présenter devant la partie la plus large (base du triangle). Ces fils sortent au sommet du triangle en un seul groupe qui sert à nouer le collier.

Ces deux objets sont en mauvais état.

Premières dynasties.

Bibl. : *Journal d'entrée du Musée*, n° 35704; A. Reisner, *The Early Dynastic Cemeteries of Naga ed-Dêr*, 1903, I, pl. 6, n° 6.

53808. Collier. — Pierres et coquillages. — Long. 0 m. 30 cent.; poids 20 gr. 50. — Trouvé à Nag el-Deir, fouilles Reisner, 1903.

Un collier composé de pierres dures et de coquillages. D'abord nous voyons le collier proprement dit. Cette partie est composée de perles plates de cornaline : il y en a cent dix. Ces perles ont de 3 à 6 millimètres de diamètre et moins de 0 m. 002 mill. d'épaisseur.

Au milieu de ce rang de perles nous voyons trente et un objets de formes et de matières variées : onze perles plates de cornaline de différents diamètres; deux perles plates en cristal de roche; trois de turquoise; une en lapis; dix perles longues en cristal de roche; une perle plus forte, en forme d'olive, est placée au milieu (elle est en cristal); enfin trois coquillages, dont le plus gros a o m. 014 mill. de longueur sur o m. 011 mill. dans sa grosseur maximum.

Premières dynasties.

BIBL. : *Journal d'entrée du Musée*, n° 35698.

53809. Collier. — Pierre(?). — Long. o m. 21 cent.; poids 5 grammes. — Trouvé à Nag el-Deir, fouilles Reisner, 1903.

Un rang de cinquante perles sphériques un peu aplaties; leurs diamètres varient de 3 à 6 millimètres. Ces perles sont d'une matière indéfinissable qui a été fortement décomposée et qui est aujourd'hui d'aspect poreux de couleur grise.

Premières dynasties.

BIBL. : *Journal d'entrée du Musée*, n° 35730.

53810. Rang de perles. — Lapis-lazuli. — Long. o m. 13 cent., larg. de o m. 001 mill. à o m. 006 mill.; poids 4 gr. 50. — Trouvé à Nag el-Deir, fouilles Reisner, 1903.

Un rang de cinquante-sept perles en lapis fortement altéré aux extrémités : six d'un côté et deux de l'autre sont cylindriques ou ovoïdes, tout le reste composé de perles plates.

Premières dynasties.

BIBL. : *Journal d'entrée du Musée*, n° 35729.

53811. Perle cylindrique. — **Hématite**(?). — **Long.** o m. 028 mill., diam. o m. 011 mill.; poids 7 grammes. — Trouvée à Nag el-Deir, fouilles Reisner, 1903.

Une grosse perle cylindrique en hématite. Le trou d'enfilage est énorme, ce qui explique qu'il soit assez irrégulier. Son diamètre moyen est de o m. 006 mill. Les extrémités sont ou ne paraissent pas terminées. Tout l'ensemble donne l'impression d'un objet non fini.

Premières dynasties.

BIBL. : *Journal d'entrée du Musée*, n° 35718; A. REISNER, *The Early Dynastic Cemeteries of Naga ed-Dêr*, 1903, I, pl. 8, n° 2.

53812. Trois perles. — Cornaline. — Poids des trois perles réunies 12 gr. 6. — Trouvées à Nag el-Deir, fouilles Reisner, 1903.

Le groupe est ainsi composé : une perle ovoïde, cornaline claire; elle a 0 m. 023 mill. de longueur et 0 m. 012 mill. dans son plus grand diamètre.

De chaque côté sont deux perles cylindriques dont les longueurs donnent 36 et 37 mill. 1/2; la plus longue a 0 m. 007 mill. 1/2 de diamètre et la plus courte 0 m. 008 mill. 1/2. La cornaline est plus foncée que celle de la perle ovoïde. Le forage est bien fait dans les trois.

Premières dynasties.

Bibl. : *Journal d'entrée du Musée*, n° 35718.

53813. Rang de perles. — Cornaline. — Longueur totale 0 m. 095 mill.; poids 8 décigrammes. — Trouvé à Nag el-Deir, fouilles Reisner, 1903.

Un rang de vingt-six petites perles cylindriques en cornaline; leur longueur varie de 1 mill. 1/2 à 6 millimètres, leur diamètre de 1 à 2 mill. 1/2.

L'admiration pour l'habileté des anciens lapidaires ne saurait être trop grande en voyant des perles de *un* millimètre de diamètre forées d'une façon parfaite.

Premières dynasties.

Bibl. : *Journal d'entrée du Musée*, n° 35728.

53814. Rang de perles. — Cornaline. — Longueur totale 0 m. 248 mill.; poids 19 grammes. — Trouvé à Nag el-Deir, fouilles Reisner, 1903.

Un rang de neuf perles cylindriques; leurs longueurs varient de 35 à 11 millimètres, leurs diamètres de 12 mill. 1/2 à 4 millimètres. Toutefois les cylindres, petits et de diamètre médiocre, ne sont qu'au nombre de deux; les sept autres restent entre 25 et 35 millimètres.

Premières dynasties.

Bibl. : *Journal d'entrée du Musée*, n° 35718.

53815. Perles. — Cornaline. — Longueur du rang 0 m. 134 mill., diamètre des perles 0 m. 006 mill.; poids 8 grammes. — Trouvées à Nag el-Deir, fouilles Reisner, 1903.

Un rang de vingt-six perles sphériques un peu aplaties (ce qui explique que les vingt-six perles ne donnent qu'un rang de 0 m. 134 mill.).

Ces perles sont en parfait état.

Premières dynasties.

Bibl. : *Journal d'entrée du Musée*, n° 35726.

53816. **Rang de perles.** — Lapis. — Long. 0 m. 21 cent. — Trouvé à Nag el-Deir, fouilles Reisner, 1903.

Un rang de perles cylindriques en lapis-lazuli très foncé. Ces perles sont d'une petitesse extrême : leur longueur va de 1 à 2 millimètres, leur diamètre de 1 à 1 mill. 1/2. Là encore nous sommes en présence du véritable tour de force que constitue le perçage de ces pierres dont la ténuité rend difficile même l'addition. Elles sont au nombre de cent quatre-vingts.

Premières dynasties.

Bibl. : *Journal d'entrée du Musée*, n° 35732.

53817. **Trois perles.** — Améthyste et cornaline. — Long. de 0 m. 005 mill. à 0 m. 007 mill., diam. 0 m. 005 mill. — Trouvées à Nag el-Deir, fouilles Reisner, 1903.

Trois perles de forme ovoïde : deux sont en améthyste très claire et une en cornaline. La forme ovoïde n'est pas absolue pour la perle de cornaline; elle est légèrement aplatie, de façon à donner une différence sensible à la mesure dans les deux axes : 0 m. 005 mill. et 0 m. 003 mill. 1/2.

Premières dynasties.

Bibl. : *Journal d'entrée du Musée*, n° 35718.

53818. **Rang de perles.** — Cornaline. — Long. 0 m. 11 cent.; poids 3 grammes. — Trouvé à Nag el-Deir, fouilles Reisner, 1903.

Un rang de quarante-trois perles de cornaline de forme sphérique aplatie aux pôles. Les diamètres varient de 3 à 6 millimètres, leur épaisseur de 1 mill. 1/2 à 3 millimètres.

Il n'y a rien de particulier à signaler.

Premières dynasties.

Bibl. : *Journal d'entrée du Musée*, n° 35725.

53819. **Boîte (?).** — Or. — Haut. 0 m. 014 mill., diam. 0 m. 015 mill.; poids 6 décigrammes. — Trouvée à Nag el-Deir, fouilles Reisner.

Une sorte de boîte cylindrique composée d'une petite bande d'or formant un tube et fermé des deux côtés par une plaquette d'or circulaire dont les bords sont rabattus sur le tube; ces plaquettes ont à leur centre un trou et une petite tubulure soudée de 2 à 3 millimètres de longueur. Cet objet paraît être de la même nature que les cylindres de pierres destinés à imprimer; mais dans ce cas il faudrait que l'enveloppe or soit soutenue par une substance solide à l'intérieur.

Le corps de la boîte porte quelques ornements aux traits, qui ont été faits avec des outils *non coupants,* des traçoirs et, par conséquent, pendant que le métal était collé sur une matière formant soutien.

Dans l'état actuel, le corps cylindrique est désoudé, ainsi que le dessus et le dessous. Les trois parties sont indépendantes.

Premières dynasties.

Bibl. : *Journal d'entrée du Musée,* n° 35709; A. Reisner, *The Early Dynastic Cemeteries of Naga ed-Dêr,* 1903, I, pl. 9, C.

53820. Bague (?). — Or. — Diam. 0 m. 019 mill., largeur du corps 0 m. 011 mill.; poids 1 gramme. — Trouvée à Nag el-Deir, fouilles Reisner.

Une bague formée d'une bande d'or dont les extrémités sont rapprochées et maintenues par un seul point de soudure.

Premières dynasties.

Bibl. : *Journal d'entrée du Musée,* n° 35709; A. Reisner, même référence que pour le numéro précédent.

53821. Bout de doigt. — Or. — Long. 0 m. 041 mill., larg. 0 m. 021 mill.; poids 2 décigrammes. — Trouvé à Nag el-Deir, fouilles Reisner, 1903.

Un bout de doigt fait d'une feuille d'or extrêmement mince ornée de quelques traits faits au tracé.

Un ornement en forme de fleur à jour est découpée d'un côté, sur un fond de rayures faites au tracé.

L'autre côté est décoré, également au tracé, de traits en dents de scie.

L'objet est aplati de façon à ne présenter qu'une silhouette.

Premières dynasties.

Bibl. : *Journal d'entrée du Musée,* n° 35706; A. Reisner, *The Early Dynastic Cemeteries of Naga ed-Dêr,* I, pl. 6, n° 1, et pl. 9, *a.*

53822. Bout de doigt. — Or. — Long. 0 m. 022 mill., larg. 0 m. 019 mill.; poids inappréciable. — Trouvé à Nag el-Deir, fouilles Reisner.

Un petit bout de doigt fait d'une feuille d'or d'une légèreté qui échappe à la pesée. Il est décoré d'un côté de quelques traits en zigzag, de l'autre de quelques rangs de pointillé.

Il paraît être le complément du numéro précédent.

Premières dynasties.

Bibl. : *Journal d'entrée du Musée,* n° 35706; A. Reisner, même référence que pour le numéro précédent.

53823. Rang de perles ovoïdes. — Or. — Long. 0 m. 135 mill.; poids 1 gr. 8. — Trouvé à Nag el-Deir, fouilles Reisner.

Un rang de treize perles ovoïdes ayant 0 m. 011 mill. de longueur et 0 m. 004 mill. de diamètre à la partie la plus volumineuse. Ces perles sont faites de feuilles d'or d'une minceur extrême; elles sont striées, en travers, de traits faits au traçoir.

Premières dynasties.

53824-53825. Deux animaux (départs de collier). — Or. — Trouvés à Nag el-Deir, 1903.

1° Un bovin (long. 0 m. 040 mill., haut. 0 m. 021 mill.; poids 2 gr. 5). Il est vu en silhouette, profil à droite. Le sommet de la tête manque. Il porte un collier indéfinissable. Cet animal est exécuté au repoussé, puis doublé d'une plaque de fond; c'est sur cette plaque que l'on voit les deux portions de tubes qui étaient évidemment le départ d'un collier.

2° Un animal à longues cornes (antilope?) (long. 0 m. 038 mill., haut. 0 m. 029 mill.; poids 3 grammes). Il a aussi un collier volumineux : sa construction est la même que celle du numéro précédent, c'est-à-dire qu'il est exécuté au repoussé et doublé d'une plaque unie qui possède les deux anneaux de départ d'un ou plusieurs rangs de motifs.

Premières dynasties.

Bibl. : *Journal d'entrée du Musée,* n°s 35707-35708; A. Reisner, *The Early Dynastic Cemeteries of Naga ed-Dêr,* 1903, I, pl. 6, n°s 2 et 3 et pl. 9, revers.

53826. Rang de perles. — Or. — Long. 0 m. 36 cent.; poids 4 grammes. — Trouvé à Nag el-Deir, fouilles Reisner.

Un rang de soixante-trois perles en or dont le métal est d'une minceur extrême et par conséquent en très mauvais état.

Ces perles sont sphériques; leurs diamètres varient de 4 mill. 1/2 à 8 millimètres.

Elles ont été exécutées en deux parties demi-sphériques et soudées, ce qui est remarquable.

Premières dynasties.

Bibl. : *Journal d'entrée du Musée*, n° 35731.

53827. Colliers (deux rangs réunis de perles cylindriques). — Pierres. — Longueur totale 1 m. 76 cent.; poids 27 gr. 8. — Trouvés à Nag el-Deir, fouilles Reisner.

Deux rangs de perles cylindriques de 0 m. 003 mill. de diamètre. Il y a trois cent vingt-six perles, dont deux cent vingt-huit en lapis souvent très altéré et quatre-vingt-dix-huit d'une substance blanche (calcaire?). Les perles de lapis ont des dimensions variées qui vont de 6 à 11 millimètres de longueur; les perles blanches n'ont que 0 m. 004 mill. de longueur en moyenne.

Premières dynasties.

Bibl. : *Journal d'entrée du Musée*, n° 35724; A. Reisner, *The Early Dynastic Cemeteries of Naga ed-Dêr*, 1903, I, pl. 8, n°s 6 et 7.

53828. Rang de perles. — Cornaline. — Long. 1 m. 010 mill., grosseur moyenne 0 m. 003 mill. 1/2; poids 16 grammes. — Trouvé à Nag el-Deir, fouilles Reisner, 1903.

Un rang de deux cent cinquante-trois perles de cornaline, de forme ovoïde.

Premières dynasties.

Bibl. : *Journal d'entrée du Musée*, n° 35719.

53829. Rang de perles. — Long. 0 m. 87 cent.; poids 30 grammes. — Trouvé à Nag el-Deir, fouilles Reisner.

Un rang de soixante-douze perles de cornaline et de quarante-trois d'une pierre marbrée noir et blanc.

Les perles de cornaline sont ovoïdes; leur longueur varie de 3 mill. 1/2 à 10 millimètres, et leur grosseur de 4 à 6 mill. 1/2.

Les perles marbrées ont la forme coussinée assez plate, sauf quatre qui sont en forme de poires et deux placées vers le milieu du rang, dont le diamètre est nettement supérieur à celui des autres perles. Les perles ordinaires ont en moyenne 0 m. 005 mill. de diamètre; celles en forme de poires ont 0 m. 010 mill. 1/2 de longueur; enfin les deux plus grosses ont 0 m. 007 mill. de diamètre.

Premières dynasties.

Bibl. : *Journal d'entrée du Musée*, n° 35722; A. Reisner, *The Early Dynastic Cemeteries of Naga ed-Dêr*, 1903, I, pl. 7, n° 1.

53830. Rang de perles. — Long. 0 m. 515 mill., diamètre des perles 0 m. 001 mill. 1/2; poids 4 gr. 5. — Trouvé à Nag el-Deir, fouilles Reisner, 1903.

Un rang de très petites perles cylindriques; elles sont au nombre de quatre cent trente. Elles sont de diamètre égal et leur longueur ne varie que de fraction de millimètres.

Premières dynasties.

Bibl. : *Journal d'entrée du Musée*, n° 35727.

53831. Rang de perles. — Grenat. — Long. 0 m. 35 cent.; poids 10 gr. 50. — Trouvé à Nag el-Deir, fouilles Reisner, 1903.

Un rang de perles grenat de forme circulaire coussinée. Les perles sont au nombre de cent quatre-vingt-neuf; leur diamètre va de 2 mill. 1/2 à 5 millimètres.

Premières dynasties.

Bibl. : *Journal d'entrée du Musée*, n° 35720.

53832. Rang de perles. — Grenat. — Long. 0 m. 34 cent.; poids 11 gr. 50. — Trouvé à Nag el-Deir, fouilles Reisner, 1903.

Un rang de perles grenat.
Il est semblable au rang décrit au numéro précédent.

Premières dynasties.

Bibl. : *Journal d'entrée du Musée*, n° 35720.

53833. Rang de perles. — Cornaline. — Long. 0 m. 84 cent. 1/2; poids 17 grammes. — Trouvé à Nag el-Deir, fouilles Reisner, 1903.

Un rang de cent soixante-dix perles ovoïdes en cornaline. Les diamètres varient de 3 à 4 millimètres.

Premières dynasties.

Bibl. : *Journal d'entrée du Musée*, n° 35721.

53834. Extrémité de collier. — Larg. 0 m. 029 mill.; poids 5 grammes. — Trouvée à Nag el-Deir, fouilles Firth, 1921-1922.

Une extrémité de collier, pièce d'où partent et où viennent se réunir les rangs, soit de perles ou d'autres motifs de suspension, qui composent le bijou.

Ce motif est fait de deux plaques demi-circulaires réunies et formant boîte, ouverte au diamètre. L'ouverture est occupée par une plaque d'or percée de trous dans lesquels passent les fils composant les rangs du collier; ces fils sont fixés derrière la plaque, à l'intérieur de la boîte. Cette plaque est maintenue à sa place par une torsade d'or qui traverse la boîte et sort à l'extérieur, ce qui permet de joindre les extrémités du collier et de le fermer. A l'endroit où sort cette torsade le pourtour du bijou est renforcé pour éviter la déchirure du métal sous le poids du bijou.

Le nombre de trous percés dans la plaquette nous indiquent que le collier était composé de neuf rangs. Un petit morceau de fil d'or resté dans un de ces trous, montre que les pièces constituant le collier étaient maintenues par des fils de métal.

D'un côté du bijou, est une inscription au nom du vizir Kagemni : .

VIe dynastie.

Bibl. : *Journal d'entrée du Musée*, n° 47042; Firth et Gunn, *Teti Pyramid Cemeteries*, I, p. 23 et pl. 15; cf. le n° 53839.

53835. Fragments de bijoux. — Or. — Trouvés à Om el-Gaab, fouilles Petrie, 1900-1901.

Sur un plateau sont réunis quatorze fragments de bijoux; les plus importants sont :

Deux torsades faites de fils d'or. Ces fragments ont 39 et 47 millimètres de longueur. Nous voyons ensuite :

Quatre perles d'or, dont trois ont conservé l'anneau de suspension; l'une d'elles a encore une petite torsade de fil d'or. Les diamètres sont : deux de 0 m. 005 mill. et deux de 0 m. 005 mill. 1/2.

Deux espèces d'anneaux en fils tordus en ressorts.

Un petit cône d'or qui a 0 m. 003 mill. 1/2 à la base et 0 m. 002 mill. 1/2 de haut.

Cinq fils tors.

Bibl. : *Journal d'entrée du Musée*, n° 35054.

53836. Bas-relief. — Or sur bois. — Haut. 0 m. 110 mill., largeur à la base 0 m. 070 mill., largeur du haut 0 m. 064 mill., épaisseur moyenne 0 m. 005 mill. — Trouvé à Saqqarah, 1907.

Une plaquette en forme de naos. Elle est composée d'une feuille d'or soutenue par un enduit et collée sur une planchette de bois.

Le décor nous montre la déesse Ouadjit, dame de Bouto, présentant le signe de vie aux narines du roi Nefir-Kara (Pépi II) vêtu du pagne triangulaire rigide et coiffé de la couronne de Haute-Égypte. Il tient à la main le signe de vie.

Une frise de six ☥ sert de base à la composition.

Le tout est couvert du vernis rouge si fréquent.

Le bois de la planchette a joué et s'est assez fortement incurvé, déchirant la plaque d'or, dont l'état général a souffert, surtout dans la partie inférieure.

La plaque d'or, qui est très mince, a été, selon toute apparence, emboutie dans un creux qui pouvait n'être que du plâtre, puis garnie au revers d'un enduit qui servit à la fois de soutien à la feuille d'or et d'adhésif sur la planchette, dont la seule mission est de servir de support.

VIe dynastie.

Bibl. : *Journal d'entrée du Musée*, n° 39176.

53837. Rang de perles. — Pierres. — Long. o m. 18 cent. 1/2. — Trouvé à Nag el-Deir, fouilles Firth, 1921-1922.

Un rang de perles de diverses matières, presque toutes en très mauvais état. Elles sont au nombre de trente-trois :

Trois en forme de cylindres. Elles ont 27, 28 et 30 millimètres de longueur et o m. 008 mill. 1/2 de diamètre. Elles sont en calcaire.

Deux en forme d'olives : l'une est nettement de cornaline, l'autre est douteuse. Leur longueur est de o m. 014 mill., leur diamètre est de o m. 012 mill. et o m. 014 mill.

Une en forme de coquille conique; elle est aussi en cornaline douteuse. Elle a o m. 010 mill. de longueur.

Vingt-sept petites en disques légèrement arrondis sur les bords; leur substance est difficile à déterminer.

VIe dynastie.

Bibl. : *Journal d'entrée du Musée*, n° 35700.

53838. Pépite. — Or. — Plus grande largeur o m. 041 mill., épaisseur maximum o m. 013 mill. 1/2; poids 5 gr. 50. — Trouvée à El-Kab.

Une pépite ou un magma de petits objets qui se seraient trouvés soumis à une haute température. Il semble que l'on pourrait reconnaître des éléments animaux dans quelques parties, mais cela ne dépasse pas certains jeux de la nature et il serait imprudent de formuler une réponse rigoureuse.

Bibl. : *Journal d'entrée du Musée*, n° 31769.

53839. Collier (fragment). — Long. o m. 052 mill., larg. o m. 006 mill., poids 5 grammes. — Trouvé à Nag el-Deir, fouilles Firth, 1921-1922.

Un fragment de collier. Il se compose d'une plaque d'or ayant o m. 052 mill. de long, o m. 006 mill. de large.

Sur cette plaque sont disposées, dans le sens de la largeur, vingt-six portions de tubes en or, ayant 0 m. 002 mill. de diamètre et pour longueur, la largeur de la plaque. Nous reconnaissons là ce dispositif qui, placé en travers des colliers, contribue à régler leur largeur et à empêcher le désordre et l'emmêlement des rangs soit de perles, soit d'autres motifs de suspension.

Sur le plat de la bande d'or est une inscription gravée aux traits fins : .

VIe dynastie.

Bibl. : *Journal d'entrée du Musée*, n° 47234; cf. le n° 53834.

53840. Bracelet. — Silex. — Diam. 0 m. 066 mill., grosseur moyenne 0 m. 005 mill. 1/2; poids 9 grammes. — Trouvé à Dendérah, fouilles Fisher, 1916.

Un bracelet de silex. C'est un cercle très imparfait et d'un travail très sommaire. Nous avons déjà vu ce genre de bijou et sa fabrication a été étudiée au n° 52015 du présent *Catalogue*.

Bibl. : *Journal d'entrée du Musée*, n° 45588.

53841. Collier. — Pierres. — Long. 0 m. 45 cent.; poids 22 grammes. — Trouvé à Nag el-Deir, 1902.

Un long collier composé de pierres variées comme substance et comme forme. Elles sont au nombre de soixante-quatre.

Nous voyons d'abord, en suivant l'ordre de placement d'une extrémité à l'autre :

Six perles, dont quatre de forme hexagonale en matière verdâtre. Elles ont une longueur moyenne de 0 m. 011 mill. et une grosseur de 0 m. 005 mill. Les deux autres sont cylindriques, long. 0 m. 011 mill. et 0 m. 005 mill., diam. 0 m. 005 mill. et 0 m. 003 mill.

Vingt et un motifs variés : schémas d'*oudjas*, de mains, de coquilles, de faucons, etc., le tout en cornaline. Les grandeurs varient de 9 à 23 millimètres.

Huit perles ovoïdes en cornaline. Longueur moyenne 0 m. 008 mill., gross. 0 m. 006 mill.

Quatre perles ovoïdes verdâtres. Long. 0 m. 008 mill., gross. 0 m. 005 mill.

Dix-neuf perles variées de même matière verdâtre : schémas de grenouilles, de faucons, etc. Dimensions de 14 à 16 millimètres.

Six perles ovoïdes en amazonite. Long. 6 à 9 millimètres, gross. 0 m. 006 mill.

V^{e} dynastie.

Bibl. : *Journal d'entrée du Musée*, n° 35697.

53842. Collier. — Or et pierres. — Long. 0 m. 31 cent.; poids 27 grammes. — Trouvé à Nag el-Deir.

Un assemblage n'ayant pour but évident que de réunir des objets dont l'éparpillement serait dangereux, mais sans préoccupation décorative.

Il se compose de cinquante-deux objets :

Un nœud de corde en or. Long. 0 m. 022 mill.

Sept perles ovoïdes de 14 à 24 millimètres de long.

Trois perles cylindriques de 7 à 12 millimètres de long.

Une perle sphérique. 0 m. 012 mill.

Sept perles plates coussinées. 0 m. 005 mill. en moyenne de diamètre.

Enfin trente-trois sujets traités d'une façon extrêmement schématique : divinité, faucon, lions couchés, scarabées.

Le tout en cornaline, lapis, amazonite, agate et quelques pierres douteuses.

VIe dynastie.

Bibl. : *Journal d'entrée du Musée*, n° 35693.

53843. Quatre coquilles. — Or. — Long. 0 m. 013 mill. 1/2, larg. 0 m. 009 mill.; poids 3 grammes (ensemble). — Trouvées à Nag el-Deir, 1902.

Quatre petites coquilles qui devaient sans doute faire partie d'un collier. L'or est très mince. A la partie supérieure est un petit anneau fait d'une petite bande d'or roulée, ce qui nous assure que nous sommes en présence d'objets de suspension.

Ces coquilles sont encore remplies de terre : le poids n'est donc qu'une indication.

Bibl. : *Journal d'entrée du Musée*, n° 35696.

53844. Jambe. — Cornaline. — Haut. 0 m. 023 mill. 1/2, longueur du pied 0 m. 014 mill.; poids 1 gramme. — Trouvée à Nag el-Deir.

Une petite jambe de cornaline; elle est percée d'un trou. Une petite perle ronde, également de cornaline, lui est jointe.

VIe dynastie.

Bibl. : *Journal d'entrée du Musée*, n° 35695.

53845. Groupe de perles et symboles. — Cornaline, turquoise et lapis. — Trouvé à Nag el-Deir.

Cinq perles :

Une cylindrique. — Cornaline. — Long. 0 m. 018 mill., diam. 0 m. 007 mill. 1/2.

Une ovoïde. — Cornaline. — Long. o m. oo6 mill., diam. o m. oo5 mill.

Une sphérique. — Turquoise. — Diam. o m. oo6 mill.

Une autre sphérique. — Matière grise(?). — Diam. o m. oo5 mill.

La cinquième, plate aux bords arrondis, est en lapis-lazuli. — Diam. o m. oo4 mill.

Les deux motifs qui complètent le groupe sont en cornaline; ce sont : une main de o m. o3o mill. 1/2 de long et o m. oo7 mill. de large, et une déesse Isis(?) de o m. o26 mill. 1/2 de haut et o m. oo8 mill. de large.

Les anneaux de suspension sont pris dans la matière même : pour la main, à la place du poignet; pour la déesse, derrière vers le milieu.

VIe dynastie.

Bibl. : *Journal d'entrée du Musée*, n° 33701.

53846. Perles (un tout petit rang). — Cornaline. — Long. o m. o37 mill., diamètre moyen o m. oo2 mill. — Trouvées à Nag el-Deir.

Un petit groupement de seize perles ovoïdes.

Bibl. : *Journal d'entrée du Musée*, n° 35700.

53847. Trois perles. — Obsidienne. — Trouvées à Nag el-Deir.

Un groupe de trois perles, dont l'une, formant gros bourrelet, a o m. o14 mill. 1/2 de diamètre et o m. oo8 mill. 1/2 d'épaisseur, et deux autres, de forme ovoïde, ayant l'une o m. o12 mill. de long et o m. oo8 mill. 1/2 de diamètre, l'autre o m. o1o mill. de long et o m. oo8 mill. de diamètre.

Elles sont présentées la grosse au centre et les ovoïdes de chaque côté.

53848. Abeille. — Or. — Long. et haut. o m. o18 mill.; poids 2 gr. 2. — Trouvée à Nag el-Deir.

Une abeille. La construction de ce bijou offre une particularité curieuse : l'anneau de suspension se trouve à l'*intérieur* de l'animal. L'objet a été construit de la façon suivante : le corselet et les pattes ont été découpés en *double* et repliés de façon à se rencontrer en enfermant une petite portion de tube qui permet de suspendre l'objet.

Les ailes sont également rapportées, de même la partie postérieure.

VIe dynastie.

Bibl. : *Journal d'entrée du Musée*, n° 35701.

53849. **Bracelet(?).** — Or. — Long. o m. 186 mill., larg. o m. 008 mill.; poids 1 gr. 6. — Trouvé à Saqqarah, tombeau de Meri, 1923.

Un ruban d'or. C'est une bande unie ayant un trou à chaque extrémité; ces extrémités sont un peu arrondies. Il s'agit sans doute d'un bracelet que l'on fixait en passant un fil dans les trous.

L'or est extrêmement mince (1/10 de millimètre d'épaisseur).

Bibl. : *Journal d'entrée du Musée*, n° 47805.

53850. **Coquille.** — Or. — Hauteur totale o m. 041 mill., larg. o m. 034 mill. 1/2; poids 4 gr. 6.

Une coquille faite d'une feuille d'or unie. A la charnière une perle est soudée et un trou horizontal la traverse.

L'exécution est très simple.

53851. **Rang de perles.** — Or. — Long. o m. 43 cent.; poids 2 gr. 60.

Un rang de perles sphériques au nombre de deux cent soixante-quinze. La grosseur moyenne est de un peu moins de o m. 002 mill., sauf une dizaine dont le diamètre va de 2 mill. 1/2 à 3 mill. 1/2.

53852. **Rang de perles.** — Or. — Long. o m. 125 mill.; poids 60 centigrammes.

Un rang de trente-trois perles ovoïdes; leur longueur varie de 2 mill. 1/2 à 6 millimètres, leur grosseur de 2 à 3 mill. 1/2.

L'état de ces perles est très mauvais, l'or étant d'une minceur incroyable.

53853. **Lion.** — Or. — Long. o m. 010 mill., haut. o m. 005 mill.; poids 6 décigrammes. — Trouvé à Nag el-Deir.

Un tout petit lion couché sur un tube qui servait de moyen de suspension. Le travail est sommaire, mais assez habile. Le lion est fait en deux plaques, donnant chacune un côté et le tout posé sur le tube.

VIe dynastie.

Bibl. : *Journal d'entrée du Musée*, n° 35701.

53854. **Anneau.** — Argent. — Diamètre maximum o m. o33 mill.; poids 5 gr. 5. — Trouvé à Saqqarah.

Un anneau simple de o m. oo3 mill. d'épaisseur et de section circulaire. Il est fait d'un fil sensiblement égal et soudé assez grossièrement.

Époque saïte.

53855. **Rang de perles.** — Cornaline. — Long. o m. 210 mill.; poids 4 gr. 5. — Trouvé à Aoulad el-Sheikh.

Un rang de cent quinze perles cylindriques, légèrement coussinées, dont le diamètre moyen est de o m. oo4 mill. et la longueur de 1 mill. 1/2 à 2 millimètres.

Premières dynasties.

Bibl. : *Journal d'entrée du Musée*, n° 44031.

www.ingramcontent.com/pod-product-compliance
Ingram Content Group UK Ltd.
Pitfield, Milton Keynes, MK11 3LW, UK
UKHW020257250726
13967UKWH00004B/1724